U-BOOT TEDESCHI NEL MEDITERRANEO
(SETTEMBRE 1941 - APRILE 1942)

L'ENTRATA NEL MEDITERRANEO DEI PRIMI SOMMERGIBILI TEDESCHI E
L'INIZIO DEI LORO STRAORDINARI SUCCESSI

FRANCESCO MATTESINI

ROMA 2020

Autore

Francesco Mattesini, nato ad Arezzo il 14 aprile 1936, residente a Roma dall'estate 1951, ha prestato servizio, tra il febbraio 1958 e il luglio 1999, presso il IV Reparto dello Stato Maggiore dell'Esercito. Studioso ed esperto di guerra aeronavale, ricercatore abile e meticoloso, già attivo collaboratore del Giornale d'Italia per il quale ha curato la rubrica "Verità Storiche", ha scritto, svelando molti retroscena, numerosissimi articoli di carattere politico-militare su quotidiani e stampa specializzata, ed ha pubblicato, negli anni '80, con editori privati, i volumi "La battaglia d'Inghilterra"; "Il giallo di Matapan"; "La battaglia aeronavale di mezzo agosto"; e con coautore, ma soltanto per la parte politica, il Prof. Alberto Santoni, "La partecipazione tedesca alla guerra aeronavale nel Mediterraneo", alla seconda edizione, (2005), di cui ha curato tutta la parte della ricerca, operativa, statistica e grafica. Collaboratore dell'Ufficio Storico della Marina Militare, dal quale ebbe l'incarico di effettuare una severa e precisa revisione storica dei libri pubblicati negli anni 1950-1980, Mattesini ha pubblicato "La battaglia di Punta Stilo"; "Betasom. La guerra negli Oceani"; "La battaglia di Capo Teulada", "L'Operazione Gaudo e lo scontro notturno di Capo Matapan"; "La Marina e l'8 Settembre", in due tomi; e i primi quattro volumi della collana "Corrispondenza e direttive tecnico operative di Supermarina" (1939-1941), oltre a 60 saggi per il Bollettino d'Archivio dell'Ufficio Storico della Marina Militare. Contemporaneamente, per l'Ufficio Storico dell'Aeronautica, Mattesini ha realizzato la collana in due volumi (quattro tomi), "Le direttive tecnico operative di Superaereo 1940-1943", e il volume "L'attività aerea italo-tedesca nel Mediterraneo, gennaio-maggio 1941". Nel 2019-2020 Mattesini ha pubblicato "Luci e ombre degli aerosiluranti italiani Agosto 1940 – Settembre 1943"; "La battaglia aeronavale di mezzo-agosto" rielaborata e aggiornata; "Punta Stilo 9 luglio 1940, 80° anniversario della prima battaglia aeronavale della storia"; "L'agguato di Matapan". È socio da moltissimi anni della Società di Storia Militare (SISM) e della Associazione Italiana Documentazione Marittima Navale (AIDMEN), per le quali ha prodotto diversi saggi, e molti altri nella sua pagina del sito Academia Edu. Per Luca Cristini editore a oggi ha al suo attivo quasi una decina di titoli, tra cui nella serie Storia: "La notte di Taranto dell'11 novembre 1941", "La battaglia di Creta maggio 1941, La guerra civile spagnola e la Regia Marina italiana, Testimonianze di guerra nell'estate del 1944 a Castel Focognano e L'attacco dei sommergibili tedeschi e italiani nei mari delle Indie occidentali (1942).

LICENSES COMMONS

This book may utilize part of material marked with license creative commons 3.0 or 4.0 (CC BY 4.0), (CC BY-ND 4.0), (CC BY-SA 4.0) or (CC0 1.0). We give appropriate attribution credit and indicate if change were made in the acknowledgments field. Our WTW books series utilize only fonts licensed under the SIL Open Font License or other free use license.
la gran parte parte delle immagini qui riprodotte provengono dagli archivi pubblici italiani di esercito, marina e aviazione, dove l'autore ha prestato servizio per tanti anni, o da fonti di libero utilizzo per raggiunto status di pubblico dominio.
Related all the British navy or RAF image of the book the expiry of Crown Copyrights applies worldwide because: It is photograph taken prior to 1 June 1957 and/or It was published prior to 1970 and/or It is an artistic work other than a photograph or engraving (e.g. a painting) which was created prior to 1970
For a complete list of Soldiershop titles please contact Luca Cristini Editore on our website: www.soldiershop.com or www.cristinieditore.com. E-mail: info@soldiershop.com

STORIA

Titolo: **U-Boot tedeschi nel Mediterraneo (settembre 1941 – aprile 1942).** Code.: SPS-073 Di Francesco Mattesini. ISBN code: 9788893276665 prima edizione Dicembre 2020 – ebook ISBN 9788893276696
Lingua: Italiano - layout 177,8x254mm Cover & Art Design: Luca S. Cristini
Pubblicato da Luca Cristini Editore, via Orio, 35/4 - 24050 Zanica (BG) ITALY.www.soldiershop.com

Il trasferimento nel Mediterraneo del Gruppo "Goeben"

Fin dall'autunno del 1939, con l'Italia, alleata della Germania, non ancora entrata in guerra contro la Gran Bretagna e la Francia, l'Alto Comando della Marina Germanica (Oberkommando der Marine - OKM) aveva preso la decisione di inviare propri sommergibili ad operare nel Mediterraneo, dove il traffico mercantile del nemico si svolgeva indisturbato. Pertanto, nella seconda metà di ottobre si quell'anno, il contrammiraglio Karl Dönitz, che nella sua qualità di Comandante in Capo dei Sommergibili (Befehlshaber der Unterseeboote – B.d.U.) dirigeva lo svolgimento della guerra subacquea nei settori di guerra in cui era impegnata la Germania (Oceano Atlantico, Mare del Nord, Baltico) ordinò ai tre U-boote della 2ª Flottiglia, con base a Kiel, *U-25*, *U-26* e *U-53* di trasferirsi nel Mediterraneo, a puro titolo esplorativo e per la ricerca di navi da attaccare, passando all'andata e al ritorno alla base per lo Stretto di Gibilterra.

Successivamente i tre U-boote furono impiegati contro convogli britannici in Atlantico che transitavano a ponente della penisola iberica, per cui il solo *U-26* (capitano di corvetta Klaus Ewerth), potendo disporre di una sufficiente riserva di nafta, si trovò nella condizione di poter proseguire la sua missione nel Mediterraneo occidentale, a levante di Gibilterra. L'8 ottobre l'*U-26* passò indisturbato lo Stretto di Gibilterra navigando di notte in superficie e operò per la ricerca delle rotte nemiche al largo di Capo Tres Forcas, nel Golfo di Orano, e a est dell'isola Alboran dove, sebbene vi esistessero condizioni di visibilità sfavorevoli per il tempo inclemente, riuscì ad eseguire un solo attacco contro un piroscafo da carico isolato. Si trattava di una nave francese del 1928, il *Loire* (capitano René Decrop), di 4.285 tsl, ex *Irrawaddy* della *British* & *Burmese Steam Navigation Co Ltd* (P. Henderson & Co) di Glasgow, che nel 1938 lo aveva venduto alla Compagnie Générale Transatlantique Paris.

Partito da Orano trasportando un carico di 5.588 tonnellate di pirite, 416 tonnellate di vino e generi vari, alle 03.40 del 13 novembre il *Loire* (capitano René Decrop), fu colpito a poppa da un siluro dell'*U-26* e in 30 secondi affondò a circa 40 miglia a sud-sudest di Almeria (Spagna), nel quadrato CH 7537 corrispondente a lat. 36°16'N, long. 02°13'W, perdendosi con tutto i 39 uomini dell'equipaggio, compresi 5 cannonieri. Armato con due cannoni da 40 mm, il *Loire* fu dichiarato disperso dopo aver lasciato Oran, e nelle ricerche il 17 novembre fu trovato dal cacciatorpediniere francese *Alcyon* un solo salvagente dal piroscafo e detriti di legno ampiamente dispersi.

La missione dell'*U-26*, che nuovamente rientrò in oceano superando lo Stretto di Gibilterra indisturbato, convinse il B.d.U. a desistere dall'inviare sommergibili nel Mediterraneo, in quanto, era apparso chiaro che, evitando i lunghi trasferimenti essi in quel periodo di guerra potevano ottenere una maggiore quantità di risultati favorevoli nell'Atlantico settentrionale, ove le correnti di traffico verso e da il Regno unito e la Francia arano continue.

Il sommergibile *U-26* che il 13 novembre 1939 affondò il piroscafo francese *Loire*, realizzando il primo successo degli U-boote in Mediterraneo nella Seconda guerra mondiale.

Il piroscafo francese *Loire* quando fino al 1938 si chiamava **Irrawaddy** e batteva bandiera britannica.

Nell'ambito della Kriegsmarine si tornò a parlare del Mediterraneo verso la fine del mese di marzo 1941. E ciò avvenne quando il Comandante in Capo della Marina Germanica, grande ammiraglio Erich Raeder, e il suo Comando Operativo, la Direzione delle operazioni navali (Seekriegsleitung - SKL), furono vivamente impressionati per la sfavorevole situazione venuta a crearsi nel Mediterraneo per gli insuccessi della Marina italiana che avevano portato la Squadra Navale dell'ammiraglio Angelo Iachino al disastro di Capo Matapan.[1] Pertanto l'ammiraglio Raeder e la SKL erano giunti alla determinazione di inviare nel Mediterraneo orientale sommergibili tedeschi destinati ad appoggiare le pianificate operazioni della Wehrmatch in Egeo, che dovevano portare, dopo la conquista della Grecia e con l'appoggio della Luftwaffe, all'invasione di Creta.

L'ammiraglio Dönitz, al quale per due volte la SKL chiese quale fosse il suo parere, si dichiarò assolutamente contrario all'invio di propri sommergibili nel Mediterraneo, ritenendo che sarebbero stati distolti da quello che era il loro compito primario; ossia l'attacco nell'Atlantico ai convogli di rifornimento britannici. Un compito che in effetti in quel periodo veniva svolto da soltanto una trentina di sommergibili, dei quali appena un terzo poteva trovarsi contemporaneamente nelle due principali zone di operazione, ad occidente delle isole britanniche e ad occidente dell'Africa equatoriale. Vi erano poi alle dipendenze operative del B.d.U. ventitré sommergibili italiani, con base a Bordeaux (Betasom), della cui attività di guerra, per insufficiente addestramento alla guerra oceanica e per la scarsità di successi conseguiti, Dönitz non era rimasto soddisfatto.

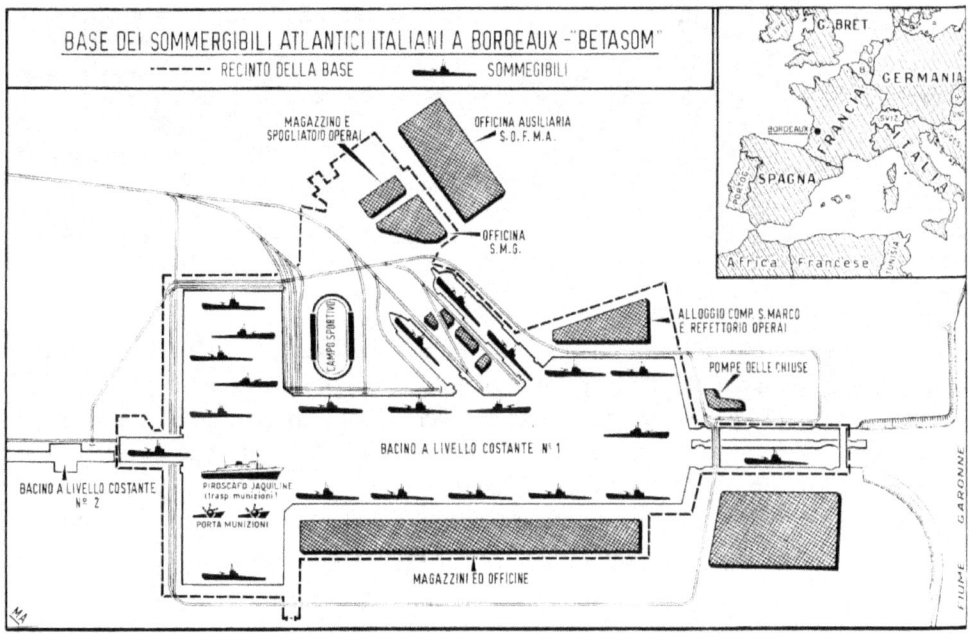

---

[1] Francesco Mattesini, *L'operazione Gaudo e lo scontro notturno di Capo Matapan*", Ufficio Storico della Marina Militare, Roma, 1998. Vedi anche il recente libro dell'Autore, aggiornato nel testo, *L'agguato di Matapan. Errori, omissioni e menzogne di una famosa battaglia navale*, RiStampa slr, Santa Rufina di Cittaducale, Rieti, Giugno 2020.

L'ammiraglio Dönitz nel suo Comando di Kernevel, presso Lorient con alcuni ufficiali del suo Stato Maggiore.

Con estrema durezza egli riferì al Capo del 1° Reparto della *Seekriegsleitung*, contrammiraglio Kurt Fricke, che era compito degli italiani provvedere a rinforzare quel delicato settore di guerra. E ciò doveva essere fatto riportando in Mediterraneo i sommergibili dislocati a Bordeaux, alle dipendenze di Betasom, che in Atlantico, per mancanza di esperienza degli equipaggi, lacune di addestramento alla guerra oceanica e di adeguati metodi di impiego, non davano l'aiuto desiderato alle operazioni germaniche contro i convogli, e conseguivano pertanto successi assai modesti.[2]

---

[2] Per l'attività esaustiva dei sommergibili italiani in Atlantico, vedi Francesco Mattesini, *Betasom. La guerra negli Oceani (1940-1943)"*, Ufficio Storico della Marina Militare (da ora in poi USMM), 1ª edizione 1993, 2ª edizione 2003 (aggiornata e integrata). I documenti della SKL riguardo al ritiro dei sommergibili italiani da Bordeaux sono alle pagine 606-611 della 1ª Edizione e alle pagine 624-631 della 2ª Edizione. L'originale in tedesco e la traduzione in italiano si trovano nel carteggio di Betasom e di Maricosom nell'Archivio dell'Ufficio Storico della Marina Militare, Roma.

Kurt Fricke, dall'inizio della guerra contrammiraglio e Capo del 1° Reparto della Seekriegsleitung (SKL). Dal 13 giugno 1941 al 20 febbraio 1943 Capo della SKL. Dal 1° aprile 1942 promosso viceammiraglio.

Le stesse lacune, anzi peggiori, incontravano i sommergibili italiani dislocati nei settori operativi del Mediterraneo, tanto che la mancanza di risultati positivi fin dal mese di marzo era stata discussa con Supermarina, l'organo operativo dello Stato Maggiore della Marina italiana, dallo stesso Comandante in Capo della flotta subacquea (Maricosom), ammiraglio di Squadra Mario Falangola. Questi, ritornando sull'argomento tra il maggio e il giugno e criticando nuovamente i sistemi di agguato imposti alle unità subacquee da Supermarina, ritenne che l'unico rimedio per conseguire successi, ma soprattutto per proteggerle dall'incombente minaccia di una assai vigile aviazione britannica, fosse quella di ottenere la copertura della caccia nazionale nelle zone in cui si trovavano in agguato i propri sommergibili.

U-boote VII C 41

Si trattava di una pretesa fuori dalla realtà, che Superaereo contestò apertamente il 30 giugno, affermando che il raggio degli aerei da caccia dagli aeroporti terrestri non permetteva di concedere ai sommergibili la protezione desiderata dal Comandante di Maricosom. Ciò anche perché operando in emersione, in zone ove agivano contemporaneamente anche unità subacquee britanniche, i sommergibili italiani sarebbero stati difficilmente rintracciabili dagli aerei, poiché di giorno operavano costantemente immersi, e vi era il rischio di incorrere in spiacevoli incidenti di identificazione. Inoltre, essi erano stati ritirati dalle zone focali di traffico nemiche del Mediterraneo orientale, che rientravano nella zona di possibile appoggio aereo, per ordine dello stesso Maricosom che le aveva ritenuto troppo pericolose, mentre Supermarina con l'Ordine generale di operazione n° 40 dell'11 giugno 1941, ne aveva fissate le zone di agguato a carattere difensivo per la protezione delle rotte libiche e delle coste nazionali.[3]

Nel frattempo, il 2 giugno 1941, subito dopo la conquista di Creta, il Führer e il Duce si erano incontrati al Brennero per discutere dei più svariati problemi, in particolare quelli concernenti il Mediterraneo e il Nord Africa. In quell'occasione Adolf Hitler chiese a Benito Mussolini di ritirare i sommergibili italiani dall'Atlantico, con la semplice giustificazione, suggerita dalla Seekriegsleitung, che la base di Bordeaux serviva per le esigenze tedesche, mentre in realtà appariva chiaro che alla richiesta era motivata dallo "*scarso rendimento*" operativo offerto dai battelli italiani e per rinforzare con essi il fronte del Mediterraneo.

---

[3] Francesco Mattesini, *Corrispondenza e Direttive tecnico operative di Supermarina – Scacchiere Mediterraneo*", Volume II, Tomo 1° (gennaio 1941 – giugno 1941), tomo 2° (giugno 1941 – dicembre 1941), Ufficio Storico della Marina Militare, Roma, 2002.

Anche il feldmaresciallo Wilhelm Bodewin Johann Gustav Keitel, Capo dell'Alto Comando delle Forze Armate tedesche (Oberkommando der Wehrmacht –OKW) che al Brennero ebbe dei colloqui con il generale Ugo Cavallero, Capo di Stato Generale delle Forze Armate italiane (Comando Supremo), chiese apertamente che i sommergibili italiani venissero ritirati dalla base di Bordeaux per essere impiegati nel Mediterraneo centrale. In seguito a ciò, l'8 giugno lo stesso Capo del Comando Supremo inviò a Supermarina il seguente messaggio: *"Duce a disposto ritiro sommergibili dislocati in Atlantico. Prego comunicarmi il programma"*.[4]

Fronte dell'Ucraina, agosto 1941. Da sinistra Benito Mussolini, il generale Alfred Jodl, Adolf Hitler, che ha alle spalle il maresciallo Keitel e il generale Ugo Cavallero, che ha al collo la croce di cavaliere (Ritterkreuz). Jodl spiega sulla carta la situazione militare del fronte russo.

Di fronte alle proteste dell'ammiraglio Arturo Riccardi, Sottosegretario di Stato e Capo di Stato Maggiore della Regia Marina, che rispecchiavano lo stato di delusione esistente a Roma per l'imposizione tedesca, ai primi di giugno, dopo molte discussioni, fu raggiunto un compromesso tra l'ammiraglio Dönitz e il Comandante di Betasom ammiraglio Angelo Parona, che consisteva nel far rientrare nel Mediterraneo la metà dei sommergibili italiani che operavano in Atlantico, lasciandovi soltanto quelli più moderni ed adatti alle lunghe crociere.

Si trattava di tredici sommergibili, che secondo i tedeschi avrebbero dovuto contribuire a migliorare la situazione in detto mare, mentre invece il generale Cavallero affermò di volerli impiegare per aumentare le capacità di rifornimento alle prime linee del fronte africano. In particolare, usando come porto di scarico le rade di Bardia e di Derna, ove a partire da quel mese di giugno, dopo discussioni a non finire con i comandi

[4] *Ibidem.*

germanici, Supermarina aveva dato inizio, con i sommergibili, ad una continua spola che si prolungò fino alla fine dell'anno ed anche dopo.

30 settembre 1940. Gli ammiragli Angelo Parona e Karl Dönitz salgono a bordo del sommergibile *Malaspina* dove il B.d.U. osserva e critica le caratteristiche del battello italiano, soprattutto per la mole imponente e il materiale di coperta inadatto. Da sinistra il capitano di fregata Hans Rösing, gli ammiragli Parona e Dönitz, il capitano di fregata Mario Leoni, comandante del *Malaspina*, e l'ammiraglio Hans-Georg von Friedeburg, il maggiore tecnico nella costruzione e organizzazione dei sommergibili tedeschi.

Nel frattempo, non era stato raggiunto l'obiettivo di ottenere con i sommergibili di Maricosom un maggiore profitto di carattere offensivo, perché i battelli continuarono ad essere tenuti da Supermarina prudentemente arretrati rispetto alle zone di traffico nemiche, in particolare quello che si svolgeva sulle rotte costiere Alessandria-Tobruk e del Mare del Levante, tra l'Egitto e il Libano.

Famosa bellissima immagine di un U-boote che manovra a grande velocità in superficie alla caccia di un convoglio britannico. Gli uomini di guardia in torretta osserevano con i binocoli, mobili e fissi compreso quello di puntamento per il lancio dei siluri.

Questo modo di agire, che negli intendimenti di Supermarina doveva contribuire ad evitare perdite nelle zone controllate dal nemico e nel contempo a rafforzare le possibilità difensive nel Mediterraneo centrale dalle scorrerie delle flotte britanniche, non era certamente condiviso dai tedeschi.

Pertanto, non essendo stati raggiunti dai sommergibili italiani gli sperati successi richiesti dalla situazione strategica, l'invio di sommergibili tedeschi nel "*Mare nostrum*" tornò in discussione nell'estate 1941, allorquando le preoccupanti perdite subite in mare dai convogli italiani e tedeschi sulle rotte per i porti della Libia, per gli attacchi degli aerei e dei sommergibili britannici a cui si aggiungeva la minaccia delle navi di superficie, avevano portato ad una forte ripercussione sul fronte dell'Asse in Cirenaica; e in particolare per le negative operazioni che si svolgevano nella zona di Tobruk che, rimasta assediata, veniva rifornita dai britannici dalla parte del mare.

Dall'alto i sommergibili italiani *Adua* e *Tembien* con la torretta modificata di tipo tedesco, e mimetizzati. Furono entrambi affondati da navi britanniche nel Mediterraneo occidentale, il 2° agosto e il 30 settembre 1941.

Per fronteggiare queste difficoltà operative, il generale Erwin Rommel, Comandante dell'Afrika Korps, che era soprattutto preoccupato dalla spaventosa falcidia di naviglio mercantile dell'Asse, causato dalle unità della Royal Navy e dai reparti della

Royal Air Force (RAF) sulle rotte tra l'Italia e la Libia, elemento che stava anche generando accese discussioni con gli italiani sul modo di mettervi ripiego, prese l'iniziativa di sollecitare l'OKW, a Berlino, a prendere misure adeguate per la difesa del traffico marittimo. E nel contempo chiese che fossero inviati degli U-boote nel Mediterraneo, per attaccare, non riuscendovi gli italiani, le unità e i convogli britannici destinati ad alimentare le possibilità di resistenza dell'assediata piazzaforte di Tobruk.

Ancora una volta l'invio di sommergibili tedeschi nel Mediterraneo incontrò l'opposizione dell'ammiraglio Dönitz, impegnato con tutte le unità subacquee disponibili nella battaglia contro i convogli britannici nell'Atlantico settentrionale. Egli giustamente riteneva che non fosse conveniente l'invio di un rilevante numero di U-boote nel Mediterraneo, poiché in questo mare vi era scarsità di traffico mercantile, poiché fin dal maggio 1940 la navigazione commerciale per l'Egitto e il Medio Oriente era state deviata attraverso la più lunga, ma più sicura, rotta del Capo di Buona Speranza. Tuttavia, poiché anche il generale Enno von Rintelen, ufficiale di collegamento dell'OKW a Roma, presso il Comando Supremo delle Forze Armate italiane, aveva fatto rilevare a Berlino l'assoluta necessità di aiuti marittimi ed aerei all'Italia, non esclusi i sommergibili, Adolf Hitler si convinse della necessità di fare qualcosa di concreto.

Il 23 luglio 1941, in una conferenza tenuta alla Tana del Lupo (Wolfsschanze), l'ammiraglio Raeder comunicò al Führer di aver scritto all'ammiraglio Riccardi, per ottenere dal Capo della Marina italiana *"una maggiore attività operativa e un'accresciuta protezione ai trasporti"*, e che si stavano facendo *"preparativi per il trasferimento di una squadriglia di motosiluranti e di moto dragamine alla fine della campagna orientale"*; ossia dell'operazione "Barbarossa" contro l'Unione Sovietica iniziata il precedente giorno 22 giugno, e che erroneamente i tedeschi ritenevano di poter concludere rapidamente, come era avvenuto per la Francia. Tuttavia, ad una precisa domanda di Hitler, Raeder rispose che non era possibile inviare sommergibili nel Mediterraneo poiché ciò avrebbe pregiudicato le operazioni in Atlantico.[5]

Nel successivo incontro del 26 agosto, sempre al Wolfsschanze, il Führer sollevò nuovamente la questione del trasferimento di alcuni sommergibili nel Mediterraneo, ma ancora una volta Raeder si dichiarò contrario, facendolo notare come risulta dal Verbale della conferenza:[6]

I convogli nemici sono sempre più fortemente scortati, si potevano ottenere dei successi solo se detti convogli verranno attaccati, non già da pochi, ma da un gran

---

[5] Francesco Mattesini, *Corrispondenza e Direttive tecnico operative di Supermarina – Scacchiere Mediterraneo*, tomo 2° (giugno 1941 – dicembre 1941), Ufficio Storico della Marina Militare, Roma, 2002, Documento n. 309, p. 771.

[6] *Ibidem*. Documento n. 395, p. 939-944. Il giorno precedente, 25 agosto in un colloquio con il generale Cavallero, recatosi in Germania per discutere sulla situazione del Mediterraneo, il Capo dell'OKW, feldmaresciallo Wilhelm Keitel, gli disse: *"Poiché la nostra situazione in fatto di sommergibili migliora, abbiamo l'intenzione di inviare in Mediterraneo dei sommergibili, cosi come l'Italia ha inviato sommergibili in Atlantico"*. Cavallero, evidentemente sorpreso, non disse nulla, ma tornato a Roma trasmise la parte del verbale delle discussioni riguardante la Regia Marina all'ammiraglio Riccardi, che rispose con il Promemoria n. 148 del 3 settembre: *"Sono state fornite all'Ammiraglio Weichold tutte le informazioni* necessarie". *Ibidem*, Documento n. 396, p. 945-947, e Documento n. 397, p. 948-950.

numero di sommergibili contemporaneamente. Lo spostamento del traffico nemico in zone più remote richiede anch'esso l'impiego di un grandissimo numero di sommergibili semplicemente per localizzare i convogli nemici. Perciò anche col graduale aumento del numero dei sommergibili, tutti i battelli disponibili dovranno essere concentrati in Atlantico. Solo in tal modo possiamo attenderci di ottenere dei successi decisivi. I sommergibili dovrebbero essere trasferiti in altri teatri di operazione e assegnati ad altri compiti solo in gravi casi di emergenza. Il Comandante in Capo della Marina ha ordinato che vangano ritirati i quattro sommergibili dalla Finlandia e gli altri quattro degli imbocchi del Belt e del Sound affinché il numero dei battelli dislocati in Atlantico non venga ulteriormente ridotto, egli ritiene che nessun sommergibile debba essere trasferito dall'Atlantico al Mediterraneo finché non vi saranno quaranta sommergibili operanti in Oceano.

Il Comandante in Capo della Marina fa anche notare la differenza fra i metodi di guerra subacquea del Mediterraneo e dell'Atlantico, nonché la diversa natura della difesa antisommergibile.

Il Grande ammiraglio Herich Raeder ispeziona la base sommergibili di Lorient in Francia il 7 maggio 1942. Schierato l'equipaggio dell'*U-505*.

Hitler però, che ai primi di agosto aveva discusso la questione con Mussolini durante la visita del Duce al fronte dell'Ucraina, dopo aver fatto notare al Capo della Marina che gli italiani non avevano concluso nulla con i loro sommergibili per alleggerire la pressione britannica sul fronte della Cirenaica, argomentò: *"che era altamente desiderabile sostenere l'Afrika Korps"* con alcuni sommergibili tedeschi e decise pertanto di inviare nel Mediterraneo un totale di sei U-boote, da far transitare per lo Stretto di Gibilterra a gruppi di due. E ciò avvenne mentre contemporaneamente si svolgeva anche il rientro in Italia di dieci sommergibili di Betasom, per cui fu necessario concordare con l'alleato, per non generare equivoci, le notti del passaggio per lo Stretto di Gibilterra.

Ma vediamo sul dettaglio come furono stabiliti i contatti con gli italiani per metterli a conoscenza del trasferimento dei sommergibili e i loro scopi operativi.

Il 7 settembre l'ammiraglio Weichold, con la lettera a mano n. Gkdos/Chefs. 161/41 dall'oggetto *"Trasferimento sommergibili tedeschi nel Mediterraneo*, portava a conoscenza di Supermarina quanto segue: [7]

In seguito alle conferenze fra il DUCE e il FUEHRER e contemporaneamente fra i Capi del Comando Supremo delle Forze Armate d'Italia e Germania è previsto l'impiego di sei sommergibili tedeschi nel Mediterraneo.

La Seekriegsleitung propone i seguenti provvedimenti e prega il consenso della R. Marina italiana.

1°) Base per i sommergibili tedeschi sarà SALAMIS [Salamina] perché da questa base è possibile il miglior impiego operativo in riguardo alle buone comunicazioni con X C.A.T. [X Fliegerkorps] e alla zona destinata per le operazioni.

Un'altra ragione per la scelta di SALAMIS è, che SALAMIS ha un cantiere adatto per riparazioni di sommergibili. Perciò non vi sarà bisogno di adoperare cantieri italiani, già messi gentilmente a disposizione per questo scopo. La Seekriegsleitung si permetterà però di ritornare eventualmente in qualche singolo caso sulla gentile proposta, assicurando la R. Marina Italiana che avviserà tempestivamente.

2°) Il Comandante in Capo della Flottiglia impiegata nel Mediterraneo avrà la sua sede anche nella base di SALAMIS.

Il Comando Marina Gruppo Sud Op. Athene penserà all'impiego operativo dei sommergibili.

Come primo compito la Seekriegsleitung ha fissato l'attacco al traffico inglese per il rifornimento di Tobruk. La Seekriegsleitung prega a ciò la R. Marina Italiana di prendere conoscenza e di riconoscere i seguenti confini della zona d'operazione:
"I paraggio davanti alle coste africane a sud di 33° Nord fra 23°10' e 31° Est".[8]

3°) È prevista la partenza dei primi due sommergibili per il 8 settembre da LORIENT per il Mediterraneo che arriveranno perciò circa 12 giorni dopo nella zona d'operazione.

Gli altri quattro sommergibili seguiranno in gruppi di 2 nel corso del mese di ottobre.

Tutti i sommergibili si recheranno direttamente da LORIENT nella zona di operazione.

---

[7] *Ibidem*, Documento n. 398, p. 951-953.

[8] Il 22 settembre 1941, fu portata a conoscenza degli italiani che, a sostituzione di quanto riportato nel 161/41 del 7 settembre, comma 2, la zona d'operazioni dei sommergibili tedeschi era estesa *"alla zona compresa tra il meridiano 23°, il parallelo 34° e la costa Africana e della Palestina"*. Cfr., Archivio Stato Maggiore Aeronautica Ufficio Storico (comunicazione verbale tra il tenente Korn dell'Ufficio di Collegamento Germanico e il comandante Pucci di Superaereo), fondo *GAM 2*, cartella n. 35.

Con vivo rincrescimento la Seekriegsleitung non ha potuto aderire al desiderio dello Stato Maggiore della R. Marina Italiana, di non far transitare o sommergibili per lo Stretto di GIBILTERRA fra il 15 e il 23/9. Secondo le sue esperienze, la Seekriegsleitung non ha scrupoli che contemporaneamente sommergibili italiani e tedeschi transitino per lo Stretto e che altre operazioni abbiano luogo in queste acque, ammesso che i sommergibili siano istruiti della possibilità di incontro, e abbiano ricevuto conforme divieto d'attaccare sommergibili.

Seguivano i dettagli di navigazione, con le rotte che i sommergibili tedeschi dovevano seguire nel Mediterraneo a iniziare dallo Stretto di Gibilterra (fino a raggiungere la zona di operazione prima di raggiungere Salamina), e sulle possibilità d'incontro con navi italiane, in particolare sommergibili, e a possibili avvistamenti da parte di aerei italiani, motivo per il quale erano stati consegnati dagli italiani segnali di riconoscimento validi fino al 10 novembre. Era anche richiesto a Supermarina di conoscere tutti gli sbarramenti minati italiani con tutti i dettagli, mediante la consegna di una carta dove essi erano riportati, e ciò allo scopo di poterli portare a conoscenza dei sommergibili tedeschi durante le loro missioni.

A conclusione della lettera, l'ammiraglio Weochold riportava:

Le esperienze fatte dai sommergibili italiani al passaggio dello Stretto di Gibilterra, ricevute dal Comando in Capo della Squadra Sommergibili [Maricosom] *sono state gradite dalla Seekriegsleitung e sono state anche consegnate al Comandante in Capo dei Sommergibili per il Mediterraneo.*

La Seekriegsleitung prega lo Stato Maggiore della Regia Marina Italiana di tenerla al corrente anche per il futuro di ulteriori informazioni ed esperienze in questo riguardo.

La risposta di Supermarina fu trasmessa all'ammiraglio Weichold il 12 settembre, con lettera n. 20738, in cui si affermava che non vi era nessun motivo per il passaggio dei sommergibili tedeschi per lo Stretto di Gibilterra nelle date riportata dalla Seekriegsleitung, ossia dal 15 al 23 settembre; che era stato trasmesso alle unità di superficie e ai sommergibili italiani l'ordine di non attaccare i sommergibili incontrati nelle loro zone di transito; e che la carta degli sbarramenti minati richiesta era già stata consegnata allo Stato Maggiore Germanico di Collegamento con Supermarina, quindi praticamente allo stesso Weichold.[9]

Circa il passaggio dello Stretto di Gibilterra, occorre dire che nella notte del 16 settembre vi transitò il sommergibile *Scirè* del capitano di corvetta Junio Valerio Borghese, che il giorno 10 era partito da La Spezia trasportando tre mezzi da sbarco SLC (Siluri Lunga Corsa), destinati a forzare la base navale britannica di Gibilterra (operazione B.G.4). Il 18 settembre lo *Scirè* entrò nel porto neutrale spagnolo di Cadice, dove la Regia Marina aveva per il rifornimento dei sommergibili la cisterna *Fulgor* (Base segreta C), e dove furono imbarcati gli operatori dei mezzi d'assalto. Lo *Scirè* rientrò nel Mediterraneo e avuta la "*conferma della presenza di forze nemiche in porto*" con la posizione delle navi, alle 23.30 del 19 settembre, poco dopo la mezzanotte, posatosi sul fondo davanti a

---

[9] *Ibidem*, Documento n. 300, p. 954.

Gibilterra, mise in mare i tre mezzi d'assalto che diressero verso gli obiettivi che si trovavano nel porto militare. Soltanto uno dei mezzi d'assalto, l'*SLC-220*, riuscì ad entrare nel porto militare, protetto dalle ostruzioni retali; gli altri due SLC dovettero desistere e ripiegare su quello mercantile.

Il sommergibile *Scirè*, del tipo 600, dopo il varo nei cantieri di Muggiano (La Spezia) del 6 gennaio 1938.

L'*LSC-140* (tenente di vascello Decio Catalano e sottocapo palombaro Giuseppe Giannoni) piazzò la carica esplosiva sotto il grande piroscafo olandese *Durham*, di 10.893 tsl, che fu gravemente danneggiato; l'*LSC-210* (sottotenente di vascello Amedeo Vesco e sottocapo palombaro Antonio Zorzoli) sotto la motocisterna *Fiona Shell*, di 2.444 tsl, che saltò in aria e affondò spezzandosi in due; l'*LSC-220* (tenente di vascello Licio Visintini e sottocapo palombaro Giovanni Magro) sotto la cisterna di squadra britannica *Denbydale*, di 8.145 tsl, adibita al rifornimento in mare delle unità navali di Gibilterra. La cisterna, spezzata in chiglia non poté essere riparata, e resto bloccata nel porto adagiata sul fondo, per essere usata come deposito carburante fisso fino alla fine della guerra, cui seguì la demolizione.

Lo *Scirè* uscì nelle prime ore del mattino del 20 settembre dalla rada di Algesiras per ritorno a La Spezia il giorno 23, mentre gli operatori raggiunto dopo l'attacco la costa della Spagna e condotti a Siviglia furono autorizzati a tornare in Italia.[10]

---

[10] *Ibidem*, Documento n. 418, p. 982-984.

La petroliera di squadra RFA *Derwentdale*, dello stesso tipo della RFA *Denbydale*.

***

Tra il 16 e il 28 settembre i sei U-boote del gruppo "Goeben", tutti del tipo VII, salparono dalle basi atlantiche tedesche di Brest, Saint Nazaire e Lorient, nella Francia occupata. Nell'ordine *U-371*, *U-97*, *U-559*, *U-75*, *U-331* e *U-79*, attraversarono indenni lo Stretto di Gibilterra e, tra la fine di settembre e i primi di ottobre, raggiunsero al completo, indisturbati, il porto siciliano di Messina, per poi rifornirsi e trasferirsi a Salamina, ove la Kriegsmarine aveva rapidamente impiantato la loro base navale.[11]

Come sappiamo dalla lettera della SKL, era stata scelta quella località della Grecia perché da quel porto era possibile realizzare un migliore impiego operativo. E ciò per due motivi: per la capacità di comunicare rapidamente con il Comando del X Fliegerkorps, la grande unità aerea germanica del generale Hans Ferdinand Geisler che dagli aeroporti della Grecia, di Creta e della Cirenaica operava nel Mediterraneo orientale e per dare sostegno al fronte terrestre della Cirenaica; e sia perché gli U-boote erano vicini alla zona destinata alle operazioni. Zona che, dopo accordi stabiliti con Supermarina era stata delimitata tra i meridiani 23°30'N e 31°00'E, la costa della Cirenaica e dell'Egitto,

---

[11] Il primo sommergibile ad attraversare lo Stretto di Gibilterra fu l'*U-371* (tenente di vascello Heinrich Driver) che, salpato da Brest il 16 settembre 1941, la notte di Domenica 21 settembre transitò senza aver incontrato alcuna difficoltà, e una volta entrato nel Mediterraneo trasmise con la radio la buona notizia al B.d.U. Il 27 settembre, trovandosi presso Milazzo, a nord-ovest dello Stretto di Messina, l'*U-371* salvò 42 dei 47 superstiti della torpediniera italiana *Albatros*, di 334 tsl, che era stata silurata ed affondata dal sommergibile britannico *Upright* (tenente di vascello John Somerton Weaith) a 8 miglia a nord-ovest di Capo Rosocolmo. Vi furono 36 morti, inclusi due ufficiali tedeschi. Cfr., Laurence Paterson, *U-Boats in the Mediterranean 1941-1944*, Chattam Publishing, London, 2007, p. 27; *U-371*, sito: uboat.net.

e il parallelo 33°S. Inoltre, Salamina, essendo stata la principale base della Marina ellenica, possedeva un cantiere navale adatto alle riparazioni e riassetto dei sommergibili, e anche perché dalle discussioni con gli italiani sembrava allora di dover escludere la possibilità di poter utilizzare i loro cantieri già oberati di lavoro, per le riparazioni dei loro sommergibili.

Il viceammiraglio Erich Förste, Comandante del Settore Sudest, a bordo di una motosilurante tedesca tra due capitani di vascello italiani in visita alla nave.

L'interno del sommergibile *U-559*.

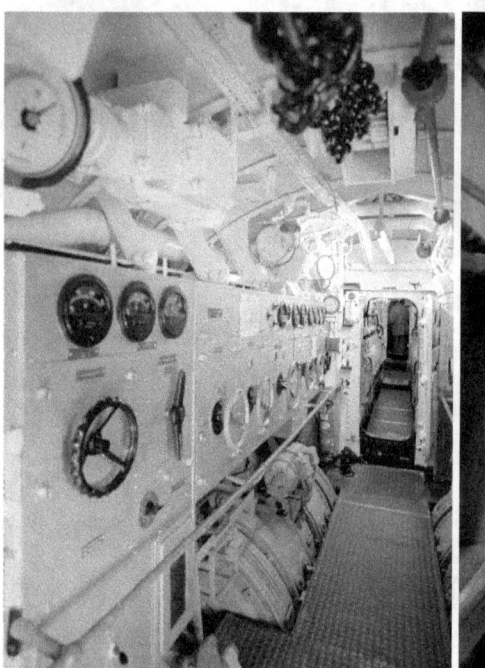 

L'interno del sommergibile *U-559*.

La sala radio di un sommergibile tedesco. In basso a sinistra la valigetta con la macchina cifrante "Enigma".

Alle dipendenze del vice ammiraglio Erich Förste, Comandante del Settore Sudest, i sei U-boote del gruppo Goeben furono inquadrati nella neo costituita 23ª Flottiglia Sommergibili, che organicamente dipendeva dal B.d.U., mentre per la parte operativa era agli ordini dell'ammiraglio di divisione Eberhard Weichold, inizialmente, dall'inizio della guerra, addetto dall'OKM a tenere il collegamento con Supermarina, ma che dal 1° novembre 1941 fu nominato Comandante della Marina Germanica in Italia.

L'ammiraglio Eberhard Weichold, Comandante della Marina Germanica in Italia in visita alla corazzata Littorio. Alle sue spalle l'ammiraglio Angelo Iachino Comandante della Squadra Navale italiana.

I comandanti e gli equipaggi dei sommergibili tedeschi, abituati alla guerra di corsa in Atlantico, che comportava di agire per lungo tempo in superficie alla ricerca dei convogli o per inseguire le navi mercantili isolate, trovarono nel Mediterraneo una situazione ben diversa da quella oceanica. Non vi era lungo le coste della Cirenaica e dell'Egitto una navigazione isolata, se non svolta da navi neutrali o presunte tali, e i piccoli e scarsi convogli che percorrevano quel mare interno, avevano forti scorte, ed anche fortissime quando si trattava di rifornire la guarnigione dell'isola di Malta. Cosicché le loro missioni fin dall'inizio apparvero molto rischiose, ma ciò nonostante la comparsa di personale addestrato nella battaglia dell'Atlantico, e con alcuni dei migliori comandanti, permise il conseguimento di alcuni ottimi successi.

A iniziare dai primi di ottobre, raggiunta la zona assegnata lungo la fascia costiera tra Tobruk e Alessandria, distante 358 miglia (576 chilometri), i sei sommergibili della 23ª Flottiglia, comandata dal tenente di vascello Fritz Frauenheim (già comandante dell'*U-101* con i quali tra il novembre 1939 e l'ottobre 1940 aveva colpito 20 navi affondandone 18 per 78,248 tsl), cominciarono a dimostrare il loro valore.[12]

---

[12] Poiché nelle Squadriglie Sommergibili italiani il comandante rivestiva il grado di capitano di fregata, l'aver assegnato ad un tenente di vascello il comando della 23ª Squadriglia Sommergibili di Salamina, dovette apparire come inconcepibile con i parametri italiani. Ed infatti, quando fu comunicato il nome dell'ufficiale (Frauenheim), nella traduzione per Supermarina il suo grado fu elevato addirittura a capitano di vascello, tranne poi, compreso l'errore, a riportarlo a tenente di vascello.

Il comandante della 23ª Flottiglia Sommergibili tedeschi di Salamina, tenente di vascello Fritz Frauenheim.

Il mattino del 10 ottobre l'*U-331* (tenente di vascello Hans-Diedrich Freiherr von Tiesenhausen) avvistò presso punta Ashila, vicino a Sidi el Barrani, un piccolo convoglio britannico di tre grossi mezzi da sbarco per carri armati: *LCT-2, LCT-7, LCT-18*. Il sommergibile, iniziando l'attacco alle 04.02, dopo aver lanciato un siluro che non raggiunse l'obiettivo, attaccò le unità britanniche in superficie, sparando con il suo cannone da 88 mm e lanciando un altro siluro alle 04.39 che ancora una volta fallì il bersaglio. Nello scontro a fuoco, che causò danni gravi all'*LCT-18* (sottotenente di vascello L.D. Peters), il mezzo da sbarco dovette rientrare a Marsa Matruh con ferito l'ufficiale di rotta, sottotenente di vascello G.S. Sinclair. Ma anche l'*U-331* fu colpito da proietti da 40 mm, che uccisero un uomo dell'equipaggio (il marinaio Hans Gerstenich) e ne ferirono un altro, dopo di ché il sommergibile, era stato costretto ad interrompere il combattimento e disimpegnarsi.

Il sommergibile *U-331*.

Più fortunato fu l'*U-75* (tenente di vascello Helmuth Ringelmann) che la notte del 12 ottobre attacco vicino a Tobruk i mezzi da sbarco britannici *LCT-2* (sottotenente di vascello E.L. Clark) e *LCT-7* (sottotenente di vascello A.C. Bromley), che erano partiri da Tobruk per Marsa Matruh. Alle 00.05, l'*U-75* cominciò a sparare con il suo cannone da 88 mm sui due mezzi da sbarco, che aveva seguito fin dal momento in cui avevano lasciato la rada di Tobruk. Sparando da poppa sugli obiettivi, il comandante Ringelmann constatò che parecchi colpi avevano raggiunto entrambi i mezzi da sbarco, ma fu costretto a immergersi per la reazione nemica e per il malfunzionamento della sua mitragliera contraerea MG34 da 20 mm, sistemata sulla parte posteriore della torretta. Da quota periscopica lanciò un siluro che alle 02.24 andò a colpire l'*LCT-2* che perse la prora ma senza affondare. Il sommergibile si dedico poi ad attaccare l'*LCT-7* e lo smantellò colpendolo con parecchi colpi di cannone, ma fallendolo con un siluro lanciato alle 01.49 che passò sotto lo scafo di quel mezzo da sbarco.

L'equipaggio dell'*U-331* e il comandante tenente di vascello von Thiesenhausen dopo essere stato decorato con Medaglia d'Argento al Valor Militare italiana a La Spezia il 2 aprile 1942.

Il comandante Ringelmann si dedicò poi a finire i due obiettivi con le sue armi, sparando con il cannone e le mitragliere. Nuovamente portò l'*U-75* in emersione e ordinò di aprire il fuoco sulla *TCL-2* che affondò in fiamme alle ore 02.34 in lat. lat. 32°08'N, long. 24°56'E. Quindi, l'*U-75* spostò il fuoco sulla *LCT-7* che affondò parecchio tempo dopo, alle ore 07.00. Con la *LCT-2* del comandante Norton si perse l'intero equipaggio di 15 uomini, mentre con la *LCT-7* del comandante Henley si ebbe un solo superstite, il marinaio W.A. Henley, che nella notte fu salvato dallo stesso sommergibile e fatto prigioniero Vennero invece a mancare 21 uomini: il comandante, un ufficiale, 11 marinai dell'equipaggio, mentre tra i passeggeri dell'*LCT.7* decedettero 2 ufficiali dell'Esercito britannico, 4 soldati australiani e 2 prigionieri di guerra italiani.

Un LCT (n. 124) mentre sbarca un carro armato Crusader Mk VI in spiaggia aperta della costa nord-africana. Questi mezzi da sbarco erano particolarmente adatti per trasportare ed evacuare uomini e mezzi sulle linee del fronte. Nel 1941-42 in particolare il servizio si svolgeva tra Alessandria e Tobruk.

La notte del 17 ottobre due navi mercantili, la petroliera britannica *Pass of Balmaha*, di 578 tsl, e il piroscafo greco *Samos*, di 1.208 tsl, partiti in convoglio da Alessandria per Tobruk con la scorta del trawler (peschereccio armato) *Cocker*, furono silurati ed affondati dall'*U-97* (tenente di vascello Udo Heillman) a 50 miglia ad ovest di Alessandria. Il sommergibile e il suo comandante avevano già all'attivo l'affondamento in Atlantico di 10 navi mercantili, 8 delle quali silurate in convoglio. Per affondare la *Pas of Balmaha* (capitano Stanlery Kirby Hasrdy), che aveva un carico di benzina, e il *Samos*, una vecchia nave del 1889, in un'azione d'attacco che ebbe inizio alle 00.55 e terminò alle 03.25, l'*U-97* consumò sette siluri, dei quali i primi tre fallirono il bersaglio. Con la *Pass of Balmaha* decedettero il comandante, 15 uomini dell'equipaggio e 2 cannonieri.[13]

---

[13] Alan J. Tennent, *British and Commonwealth Merchant Ship Losses to Axis Submariners 1939-1945*, Sutton Publishing, England, 2001, p. 45.

La petroliera *Pass of Balmaha* che fu silurata e affondata il 21 ottobre 1941, assieme al piroscafo greco *Samos*, dall'*U-97* il 17 ottobre 1941 a 50 miglia ad ovest di Alessandria.

Alle ore 23.54 del 18 ottobre 1941, l'*U-79* (tenente di vascello Wolfgang Kaufmann) stando in superficie lanciò una salva di i quattro siluri sul rimorchiatore britannico *C-307*, che partito da Marsa Matruch dirigeva per Tobruk trainando i mezzi da sbarco *LCT-13*, *LCT-17* e *LCT-18*. Il comandante Kaufmann osservò una grossa esplosione su una delle *LCT*, che non fu più vista, mentre in realtà nessun siluro colpì il bersaglio.

Il medesimo *U-79* fu più fortunato nelle prime ore del mattino del 21 ottobre, quando avvisò la cannoniera fluviale britannica *Gnat*, di 625 tonn, che era partita da Alessandria scortando per un primo tratto della navigazione un mezzo da sbarco per carri armati del tipo LCT, diretto a Tobruk. Alle ore 04.45 del 21 ottobre 1941, trovandosi a 30 miglia a nord-est di Bardia, in lat. 32°06'N, long. 25°30'E, e a 60 miglia dalla sua destinazione, la *Gnat* (capitano di corvetta Samuel Reginald Halls Davenport) fu attaccata dall'*U-79*, che la scambiò per il monitore *Terror* (già affondato il 24 febbraio 1941 a nord della Cirenaica dai bombardieri Ju 88 tedeschi del III./LG.1 decollati dalla Sicilia)[14] e, colpita da un siluro elettrico, ebbe la prua interamente asportata; ma fortunatamente per l'equipaggio non si verificarono perdite. In conseguenza dei danni, la cannoniera rimase immobilizzata e con il solo aiuto dei velivoli da caccia della RAF che effettuarono la vigilanza per gran parte della giornata.

---

[14] Per l'affondamento del monitore *Terror* vedi Francesco Mattesini, *L'attività aerea italo - tedesca nel Mediterraneo. Il contributo del "X Fliegerkorps"*, Stato Maggiore dell'Aeronautica Ufficio Storico, Roma, 1995, 2ª edizione 2003 (riveduta e considerevolmente ampliata).

L'*U-97* al rientro da una missione di guerra. Il 21 ottobre 1941 colpì con un siluro la cannoniera fluviale britannica *Gnat* a 30 miglia a nord-est di Bardia.

La cannoniera, che era stata abbandonata dalla LCT, fu poi raggiunta dai cacciatorpediniere di squadra *Griffin* e *Jaguar*, distaccati dal comando della 7ª Divisione Incrociatori che si trovava in mare. Successivamente, dopo il tramonto, all'altezza di Marsa Matruch, sopraggiunsero i cacciatorpediniere di scorta *Eridge* e *Avon Vale* i quali stavano scortando il posamine veloce *Latona*, che partecipava all'operazione "Coltivate", il cui scopo era di sostituire con soldati britannici le truppe australiane della guarnigione di Tobruk, inquadrate nella 9ª Divisione di fanteria.[15] Fu quindi possibile dare alla *Gnat* un aiuto più concreto, che il *Griffin* (capitano di vascello Hugh St. Lawrence Nicolson) realizzò nell'oscurità della notte, prendendola a rimorchio con un cavo fissato alla poppa della cannoniera. La *Gnat*, con la protezione antisom rinforzata dai whaler *Southern Maid* e *Klo* e poi raggiunta anche dal rimorchiatore di squadra *St Monance*, arrivò due giorni più tardi ad Alessandria, dove fu portata ad incagliare per evitare l'affondamento. L'idea di ripararla, mettendo insieme la sua parte poppiera con quella prodiera della cannoniera *Cricket* (capitano di corvetta Edwin Beadnell Carnduff), che diretta a Tobruk era stata

---

[15] In una successiva missione il posamine veloce *Latona* (capitano di vascello Stuart Latham Bateson), di 2.650 tonnellate, dopo aver imbarcato a Tobruk 450 soldati, nella rotta di rientro ad Alessandria, scortato dai cacciatorpediniere *Hero*, *Encounter* e *Hotspur*, la sera del 25 ottobre fu attaccato a 20 miglia a nord di Ras Azzaz, da una formazione di 10 bombardieri in picchiata tedeschi Ju 87 del 1° Gruppo del 1° Stormo Stuka (I./St G.1). Il posamine fu colpito da una bomba sganciata dal maggiore Helmut Sorge, comandante del I./St.G.I, mentre una seconda bomba sganciata dal sottotenente Heike Steinhagen, cadendo vicino allo scafo del *Latona*, contribuì a causarne l'affondamento.

gravemente danneggiata da una bomba il 30 giugno 1941 nell'attacco di bombardieri in picchiata tedeschi Ju 87 del I./St.G.1 (capitano pilota Paul-Werner Hözzel), non fu realizzata per difficoltà costruttive. La *Gnat*, dichiarata total loss rimase ad Alessandria come un relitto, utilizzata soltanto quale piattaforma contraerea per la difesa della base, fino all'anno 1945, quando venne smantellata in quel porto egiziano.

La cannoniera fluviale britannica *Gnat*, che colpita da un siluro dell'*U-79* pur raggiungendo il porto di Alessandria per i danni riportati non avrebbe mai più ripreso il mare.

La decisione di Adolf Hitler di rinforzare i sommergibili tedeschi nel Mediterraneo

All'inizio di settembre 1941 il generale Enno von Rintelen aveva segnalato all'OKW a Berlino che la situazione dei trasporti marittimi dell'Asse nel Mediterraneo stava peggiorando e per ristabilire la situazione richiese che il X Fliegerkorp, che tra il gennaio e il maggio di quell'anno aveva operato con successo contro l'isola di Malta e la Flotta britannica per poi spostarsi in Grecia, tornasse in Sicilia.

In seguito agli allarmante appelli di aiuto che giungevano da Roma, la SKL telegrafò all'OKW affinché informasse il Führer che, a causa delle perdite e dei danni riportati dalle navi, la situazione in mare era divenuta insostenibile, anche perché l'Aeronautica e la Marina italiana non erano capaci di assicurare una sufficiente difesa del traffico, nel trasporto dei rifornimenti all'Afrika Korps. In conclusione, specificò la SKL, se non fossero stati inviati rinforzi di mezzi aerei e navali con tempestività, vi era il rischio di essere cacciati dall'Africa dai britannici con catastrofiche conseguenze sull'intera condotta della guerra.

Il preciso resoconto della Direzione delle Operazioni Navali della Kriegsmarine indusse Hitler a rimproverare i responsabili della Marina per non essere stato tempestivamente informato della situazione che si stava creando nel Mediterraneo centrale; mentre in realtà era stata la ridotta disponibilità di forze determinata dall'inizio della campagna contro l'Unione Sovietica, ad indurre il Führer a non inviare nella misura richiesta dai suoi rappresentanti a Roma reparti aerei e mezzi terrestri nel Mediterraneo.

Pertanto Hitler si convinse che in qualche modo occorreva correre ai ripari. Tuttavia egli, sempre per le esigenze sul fronte orientale che era divenuto di gran lunga la più importante zona di guerra per la Germania, si limitò ad adottare misure ancora insufficienti; come l'ordine di accelerare la partenza per il Mediterraneo dei sei sommergibili del gruppo "Goeben", che si trovavano in mare in Atlantico, e quello di trasferire in Mediterraneo una flottiglia di otto dragamine e una di dieci motosiluranti. Furono prescelte dalla SKL rispettivamente la 6ª e 3ª Flottiglia. Inoltre, il Führer ordinò alla Luftwaffe di assumere subito la difesa del traffico marittimo nel Mediterraneo centrale, e non solo quello diretto verso il porto di Bengasi ma anche quello che arrivava a Tripoli. Tuttavia in quel periodo di tempo il Comandante in Capo dell'Aviazione tedesca (Oberbefehlshaber der Luftwaffe - OBdL), maresciallo del Reich Hermann Göring, limitò l'impiego del X Fliegerkorps alla protezione delle rotte tra la Grecia e la Cirenaica e quelle costiere tra Bengasi e Derna, comprese le difese dei due porti; con ciò escludendo quella che era la principale e maggiormente minacciata via di rifornimento dell'Asse tra l'Italia e la Tripolitania da parte dagli aerei e dei sommergibili di Malta.

Inoltre, per quanto sollecitato dalla Kriegsmarine, il Comando della Luftwaffe rifiutò per il momento di riprendere anche parzialmente gli attacchi contro gli obiettivi di Malta, giustificando tale decisione con la temporanea impossibilità di trasferire grossi reparti dell'aviazione nelle basi della Sicilia, che erano sature di reparti aerei italiani. Si aggiungeva il timore che il ritiro di gran parte delle unità aeree dalla Grecia avrebbe avuto serie ripercussioni per la sicurezza dell'Egeo e per dare sostegno all'Africa Korps sul fronte terrestre, come difatti avvenne a iniziare del 18 novembre con l'inizio dell'offensiva dell'8ª Armata britannica (operazione "Crusader") che porto entro il mese di gennaio del 1942 a liberare Tobruk dall'assedio e poi alla riconquista dell'intera Cirenaica. Occorre dire che in quel periodo il X Fliegerkorps disponeva di soltanto tre gruppi da bombardamento, due con velivoli Ju 88 (I. e II./LG.1) e uno con velivoli He 111 (II./KG.26), che erano tutti impiegati ad oltranza per appoggiare il fronte africano e attaccare gli obiettivi navali britannici, fino a spingersi nel Mar del Levante e nel Mar Rosso, a sud di Suez.

Il grande ammiraglio Erich Raeder conversa con Adolf Hitler.

Naturalmente di fronte alla limitazione dei rinforzi, l'ammiraglio Weichold, che più di ogni altro rappresentante tedesco in Italia conosceva la gravità della situazione nel Mediterraneo, protestò presso la SKL, sostenendo che il compito più importante per l'aviazione era "*l'attacco a Malta*" e la "*difesa del traffico per Tripoli*". Condividendo in pieno il punto di vista del suo ufficiale di collegamento presso Supermarina, la SKL telegrafò all'OKW, proponendo di cambiare gli ordini al X Fliegerkorps, o di mandare in Sicilia nuovi reparti aerei, magari prelevandoli dal fronte russo, proposta che in quel momento fu respinta.

Finalmente, alla fine di ottobre, Hitler si rese conto che nel Mediterraneo si stava per verificare un tracollo e arrivando alla conclusione che quel settori di guerra contro la

Gran Bretagna poteva essere decisivo per la conclusione della guerra, dette ordine al maresciallo Göring e all'ammiraglio Raeder di fornire i mezzi aerei e navali necessari che già da mesi erano richiesti da Roma. Ciononostante, il ritardo con cui quella decisione fu presa dal Führer, determinò il temuto crollo del fronte terrestre in Libia e gli aiuti di uomini e mezzi non poterono arrivare se non quando i britannici, con l'operazione "Crusader", avevano già iniziato la loro offensiva in Cirenaica.

Quale prima misura, Hitler richiese alla SKL di portare a ventiquattro gli U-boote nel Mediterraneo. Ma ancora una volta gli fu risposto facendo presente le sfavorevoli conseguenze che ne sarebbero seguite nella condotta della guerra subacquea in Atlantico, nonché le scarse possibilità operative che i sommergibili avrebbero avuto nel Mediterraneo. Alle lamentele della SKL per ottemperare agli ordini del Führer, si aggiunsero poi le opposizioni dell'ammiraglio Dönitz, che non vedeva la necessità e la convenienza di distogliere i suoi sommergibili dal principale settore di operazioni oceanico, senza che una tale misura potesse determinare un miglioramento sensibile nella guerra che si combatteva nel Mediterraneo. Ma Hitler questa volta fu irremovibile e il B.d.U, suo malgrado, fu costretto ad ordinare di aumentare immediatamente il numero dei sommergibili in Mediterraneo con 15 unità, destinandone subito 3 a rinforzare le 6 unità presenti nel bacino orientale di tale mare e poi altre 12 da far stazionare nel bacino occidentale, a levante di Gibilterra.

Al termine di trattative intercorse tra i Comandi Superiori delle Forze Armate tedesche e italiane, il 4 novembre Supermarina, con lettera n. 662/41 (1a) dall'oggetto *"Dislocazione di forze germaniche nel Mediterraneo"*, fu informato dall'ammiraglio Weichold, della decisione di Berlino di rinforzare l'arma aerea germanica, e quella subacquea: quest'ultima con *"21 sommergibili, di cui 9 – da dislocare – nel Mediterraneo orientale e 12 nel Mediterraneo occidentale"*, e che il loro compito doveva essere:[16]

Soppressione del traffico nemico da ovest ad est attraverso il Mediterraneo, nonché il blocco dei rifornimenti di Tobruk e di Malta, in stretta collaborazione colle forze navali impiegate a tale scopo". Si precisava che: *"Le forze della Marina da guerra Germanica, ottengono però le direttive per la collaborazione ai compiti del Oberbefehshaber Süd* [Comandante Superiore Sud – O.B.S. – feldmaresciallo Albert Kesselrin] *da questo stesso per tramite delle autorità della Marina competenti (Ammiraglio Germanico presso il Comando Superiore della R. Marina; rispettivamente il Gruppo Marittimo per il Mediterraneo orientale).*

Da parte sua Supermarina, ricevuti gli ordini dal Comando Supremo, il pomeriggio del 5 novembre, dopo discussioni dell'ammiraglio Luigi Sansonetti con l'ammiraglio Weichold e i comandanti Friedrichs e Stock per le misure di dettaglio per la sistemazione dei sommergibili tedeschi nei porti italiani, comunicò che la base principale per i 12 sommergibili da far operare nel Mediterraneo occidentale, con lo scopo *"di intercettare le Forze H e i convogli od i piroscafi isolati diretti da Gibilterra a Malta o viceversa"*, poteva essere costituita a La Spezia, mentre a Palermo poteva essere attrezzata

---

[16] Francesco Mattesini, *Corrispondenza e Direttive tecnico operative di Supermarina – Scacchiere Mediterraneo"*, Volume II, tomo 2° (giugno 1941 – dicembre 1941), USMM, Roma, 2002, Documento 467, p. 1121-1122.

una base di rifornimento e di riposo per gli equipaggi.[17] Questi accordi furono ratificati l'indomani dall'ammiraglio Riccardi che scrivendo all'ammiraglio Weichold, nell'accettare un desiderio espresso dei tedeschi specificò:[18]

Si autorizza inoltre che i sommergibili tedeschi approdino a Cagliari e alla Maddalena in caso di necessità per avarie o tempo sfavorevole. Si rimane in attesa di conoscere la data in cui i sommergibili predetti si disloceranno in Mediterraneo e l'epoca in cui può essere richiesto l'uso delle basi di La Spezia e Palermo. Si è preso atto della richiesta della Seekriegsleitung, da Voi verbalmente trasmessa, che le zone di operazioni dei sommergibili tedeschi ed italiani siano ben definite allo scopo di evitare interferenze, e che sia assegnata ai sommergibili tedeschi la zona d'operazione compresa tra i meridiani 02 W e 09° E.

Quindi, di comune accordo tra le due Marine dell'Asse furono stabilite le rotte per la navigazione nel Mediterraneo e per il riconoscimento da parte delle stazioni costiere italiane, fu delimitata la zona di operazioni a levante di Gibilterra a iniziare dal 3° meridiano ovest, e fatte conoscere quali erano le zone pericolose e interdette ai sommergibili perché vi si svolgeva la navigazione francese e del naviglio neutrale.

Supermarina, al termine di trattative intercorse assieme a Superaereo, dovette aggiornare le norme il riconoscimento dei sommergibili nazionali ed alleati, e il porto di La Spezia, come stabilito, fu messo a disposizione della Marina germanica, per impiantarvi la base di raddobbo degli U-boote operanti nel Mediterraneo occidentale.

Il 12 novembre, l'ammiraglio Riccardi portò a conoscenza del Generale Cavallero, una lettera dell'ammiraglio Weichold in cui si riportavano *"Gli accordi di principio convenuti tra la Regia Marina Italiana e la Marina da Guerra Germanica circa l'impiego di forze navali tedesche in Mediterraneo"*. Per quanto riguardava la *"Subordinazione"* e *"Impiego"* dei sommergibili tedeschi, nel documento, datato 11 novembre 1941, protocollo Gkdos/chefs 309, era riportato:[19]

4) *Impiego dei Sommergibili nel Mediterraneo*

Dato che la zona di operazioni del Mediterraneo rappresenta una unità, e dato che l'impiego dei sommergibili italiani e tedeschi sotto direzione separata ed in zone d'operazione delimitate fra loro con possibilità il massimo grado di effetto contro il nemico, anche la direzione della guerra sottomarina nel Mediterraneo dovrà essere unitaria.

I sommergibili (italiani e tedeschi) dovranno perciò essere impiegati conformemente alle loro diverse e particolari caratteristiche ed alla loro capacità, a secondo le condizioni del luogo e della situazione attuale del nemico.

5) *Esecuzione dell'impiego comune dei sommergibili*

a) L'impiego operativo di tutti i sommergibili nel Mediterraneo (italiani e tedeschi) viene ordinato dal Capo di Stato Maggiore della R. Marina italiana. A sua

---

[17] *Ibidem;* "Supermarina - *Promemoria n. 178* del 5 novembre 1941, *Operazioni di Sommergibili tedeschi in Mediterraneo Occidentale*", Documento n. 468, p. 1123-1125.

[18] *Ibidem*, Documento n. 469, p. 1126-1127.

[19] *Ibidem*, Documento n. 470, p. 1128-1129.

disposizione sta uno Stato Maggiore consultivo italo-tedesco per la condotta della guerra sottomarina.

In questo Stato Maggiore vengono elaborate le proposte d'impiego dei sommergibili italiani e tedeschi come risultano dal comune studio sulla situazione e dei compiti della condotta della guerra sottomarina nel Mediterraneo.

b) L'esecuzione dell'impiego operativo ordinato viene regolata, di stretto accordo, dai Comandi dipendenti italiano e tedesco (Comando in Capo della Squadra Sommergibili – Comando Marina germanico).

Ma vi erano difficoltà di carattere logistico, che il pomeriggio del 13 novembre 1941 l'ammiraglio Raeder espose al Führer al Wolchanze, durante un rapporto sulle questioni navali. Il Comandante in Capo della Marina Germanica, iniziando il suo intervento con l'argomento "*Guerra sottomarina*", riguardo al Mediterraneo riferì a Hitler:[20]

Attualmente tutti i sommergibili del Mediterraneo orientale sono a Salamina e hanno bisogno di lavori. Le necessarie manutenzioni sono ritardate e rese più difficili dal fatto che i cantieri, i mezzi di lavoro e la mano d'opera sono inadeguati (ora è pronto per missione un battello).- Al Mediterraneo orientale non possono essere assegnati altri sommergibili finché la base di Salamina non sia stata approntata come si deve. La Spezia sarà la principale base logistica per i sommergibili del Mediterraneo occidentale. Anche Palermo e La Maddalena possono essere usati come basi operative d'emergenza.

Sono stati presi gli opportuni provvedimenti per costituire una base sommergibili a La Spezia.

Quattro battelli hanno passato Gibilterra o sono pronti a passare.

Piani; in seguito tutti i sommergibili del Mediterraneo devono passare alle dipendenze dell'Ammiraglio germanico a Roma. Si sta costituendo una direzione operativa.

Occorre dire, come annotò il B.d.U. nel suo Diario di Guerra alla data del 5 novembre, che sarebbe stato desiderabile che anche gli impianti di La Spezia per le riparazioni degli U-boote fossero prese in consegna dai tedeschi, con loro personale specializzato. Ma una tale eventualità poteva realizzarsi solo a spese delle strutture di riparazione per gli U-bootet operanti in dell'Atlantico dai porti della costa occidentale della Francia, e ciò avrebbe comportato un ulteriore indebolimento delle operazioni in oceano.

Le prime operazioni dei sommergibili tedeschi nel Mediterraneo e l'affondamento della nave portaerei britannica ARK ROYAL

Un primo gruppo di quattro U-boote, inquadrati nel Gruppo "Arnauld"[21] e sottratti alle operazioni in Atlantico, cominciò a transitare per lo Stretto di Gibilterra nei primi tre giorni di novembre. I sommergibili avevano un equipaggiamento sufficiente per

---

[20] *Ibidem*, Documento n. 440, p. 1062-1064.

[21] Dal nome dell'asso della Prima guerra mondiale Lothar von Arnauld de la Perière, famoso comandante dell'*U-35* di base a Pola e affondatore di 174 navi per 453.716 tonnellate, che costituisce un record imbattuto. Contrammiraglio della Kriegsmarine, Comandante navale di Danzica occupata e poi di Paesi Bassi (Belgio-Olanda), era deceduto il 24 febbraio 1941, per un incidente aereo a Le Bourget (Bordeaux), all'età di 54 anni.

operare nel Mediterraneo, ma non possedevano carte altrettanto adeguate. Mentre *U-205*, *U-81* e *U-565* riuscirono a superare indenni lo Stretto di Gibilterra, l'*U-433* (sottotenente di vascello Hans Ey) non fu altrettanto fortunato.[22]

La sera del 16 novembre il sommergibile avvistò una nave da guerra che ritenne essere un incrociatore, mentre invece si trattava della corvetta britannica *Marigold* (tenente di vascello James Renwick) contro la quale lanciò una salva di quattro siluri, che non raggiunsero il bersaglio, che da parte sua non si accorse dell'attacco dell'*U-433*. Restando in superficie, alle 21.55 il sommergibile fu scoperto alla distanza di poco più di 2.000 metri (2.250 yards) dal radar centimetrico tipo 271 della *Marigold*, che dapprima lo localizzò in immersione con lo scandaglio asdic, per poi attaccarlo con le bombe di profondità, procurandogli danni che lo costrinsero a tornare in superficie. A questo punto la *Marygold* finì l'*U-433* con le armi di bordo, per poi recuperarne 38 superstiti, mentre altri 6 uomini si persero con il sommergibile, in posizione lat. 36°13'N, long. 04°42'W.[23] L'*U-433* fu il primo sommergibile ad essere affondato da una nave con l'impiego dell'efficientissimo radar centimetrico britannico tipo 271.[24]

---

[22] L'*U-81* superò Gibilterra al secondo tentativo. Il 30 ottobre, attraversando il Golfo di Biscaglia, era stato attaccato, da un velivolo idrovolante Catalina del 209° Squadron della RAF partito dal sud dell'Inghilterra; successivamente sopraggiunse un velivolo Hudson del 53° Squadron della RAF con pilota Denis M. Ryan. Ciascuno dei due aerei aveva sganciato tre bombe di profondità che avevano danneggiato l'*U-81* da costringerlo a rientrare a Brest, da dove ripartì una volta ultimate le riparazioni, per poi superare lo Stretto di Gibilterra nella notte tra l'11 e il 12 novembre. Cfr., Clay Blair, *Hitler U-Boat War, The Hunter 1939-1942*, Randon House, New York, 1996, p. 396.

[23] La corvetta *Marigold* fu affondata la sera del 9 dicembre 1942 presso Algeri nell'attacco di tre aerosiluranti italiani S.79 del 105° Gruppo, guidati dal capitano pilota Urbano Mancini, che aveva per gregari il tenente Ernesto Borrelli e il sottotenente Casavola.

[24] Clay Blair, *Hitler U-Boat War, The Hunter 1939-1942*, Randon House, New York, 1996, p. 398.

La corvetta britannica *Marigold* che ilo 16 novembre 1941 ad est dello Stretto di Gibilterra affondò l'*U-433* il primo sommergibile tedesco perduto in Mediterraneo nella seconda guerra mondiale.

Il sommergibile *U-433*.

Il comandante della corvetta *Marigold*, tenente di vascello James Renwick, ripreso con ufficiali, sottufficiali e marinai del suo equipaggio, dopo l'affondamento dell'*U-433*.

Superato lo Stretto di Gibilterra, e prima di raggiungere Messina per poi trasferirsi nel Mediterraneo orientale, con base a Salamina, gli altri tre sommergibili del gruppo "Arnauld" presero posizioni ad est di Gibilterra. E in questa zona furono manovrati dal B.d.U. per intercettare la Forza H del vice ammiraglio James Somerville.

Questa formazione navale, comprendente la portaerei *Ark Royal*, scortata dalla nave da battaglia *Malaya*, dall'incrociatore leggero *Hermione*, e dai sei cacciatorpediniere di squadra *Laforey, Lightning, Legion, Zulu, Sikh* e *Isaac Sweers* (olandese), era salpata da Gibilterra la sera del 10 novembre, per svolgere un'operazione, denominata "Perpetual", consistente nel lancio di 37 velivoli da caccia Hurricane, destinati a raggiungere Malta. L'operazione di involo dei caccia dall'*Ark Royal* si svolse regolarmente con inizio alle ore 10.00 del giorno 12. Quindi, una volta completato il decollo degli Hurricane, la Forza H, invertì la rotta per rientrare a Gibilterra, tenuta sotto osservazione dai velivoli da ricognizione italiani Cant Z. 1007 bis del 51° Gruppo dell'Aeronautica della Sardegna.

Sulla base delle informazioni ricevute il vice ammiraglio Doenitz, diresse contro la Forza H due delle sue unità subacquee che, provenienti dall'Atlantico, erano appena entrate nel Mediterraneo, attraversando lo Stretto di Gibilterra. Uno dei due sommergibili, l'*U-205* del tenente di vascello Franz-George Reschke, alle 05.06 del 13 novembre attaccò l'*Ark Royal* e uno dei cacciatorpediniere della scorta, ma la salva dei quattro siluri dei tubi di prora fallì entrambi i bersagli.

L'altro sommergibile, l'*U-81* del tenente di vascello Friedrich Guggenberger, nel pomeriggio dello stesso giorno prese a bersaglio, la corazzata *Malaya* – che si trovava in testa alla linea delle navi maggiori della Forza H – e l'*Ark Royal* che la seguiva, lanciando, angolati, i quattro siluri dei tubi di prora.

Sopra, l'*U-205* e sotto l'*U-81*, del tipo VII B, due dei quattro sommergibili del Gruppo "Arnauld".

La nave portaerei britannica *Ark Royal* nel 1939. In volo una formazione di suoi velivoli aerosiluranti Swordfish dell'820 Squadron.

Colpita alle ore 15.41 da un siluro, sotto il ponte di comando sul lato di dritta, mentre si trovava a 30 miglia per 98° da Punta Europa (Gibilterra), l'*Ark Royal* (capitano di vascello Loben Edward Harold Maund), di 22.000 tonnellate, che in quel momento stava navigando alla velocità di 19 nodi, sbandò sul fianco e rimase immobilizzata per avaria all'impianto elettrico e all'apparato di propulsione di dritta. La portaerei fu allora abbandonata da gran parte dei 1.560 uomini dell'equipaggio, che trasbordarono sul cacciatorpediniere *Legion* (capitano di fregata Richard Frederick Jessel).

Presa a rimorchio da mezzi di soccorso usciti da Gibilterra, che comprendevano lo sloop *Pentstemon* e i due rimorchiatori *Thames* e *St Day*, e con l'energia elettrica fornita alle pompe di contenimento degli allagamenti dagli accumulatori del cacciatorpediniere *Laforey* (capitano di vascello Reginald Maurice James Hutton), che si teneva accostato al fianco della portaerei, quest'ultima riuscì a muovere fino a raggiungere una velocità di 5 nodi.

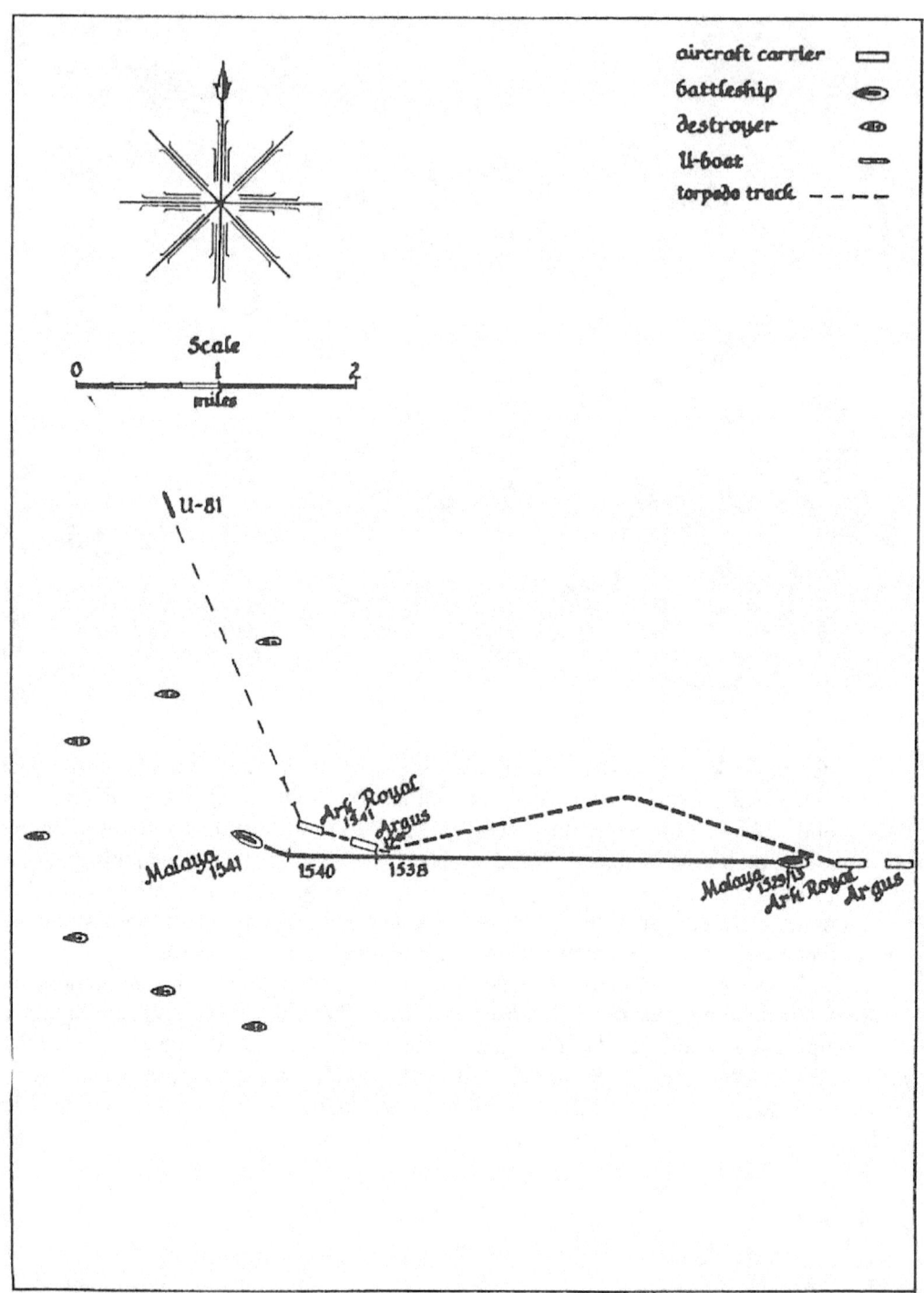

La manovra d'attacco del sommergibile *U-81* contro la portaerei Ark Royal. Da *Geoffrey P. Jones, U-Boat Aces*.

La portaerei *Ark Royal* fortemente sbandata e in stato di affondamento.

Il cacciatorpediniere *Legion* impegnato nel recupero dell'equipaggio della portaerei.

Alle 02.15 del 14 novembre, però, a causa dell'allagamento della presa del fumaiolo causato da un forte sbandamento, che non permetteva l'uscita dei gas di combustione delle caldaie, cominciò a divampare un incendio sotto l'isola dell'*Ark Royal*. La pressione del vapore si abbassò nuovamente, e venne così a fallire ogni tentativo per continuare a fornire alla nave l'energia elettrica necessaria per mantenere in moto le pompe. Non potendo più espellere l'acqua dai locali allagati, lo sbandamento della portaerei continuò ad aumentare fino a raggiungere i 35 gradi, ragion per cui, alle 04.30, l'*Ark Royal* fu abbandonata dagli uomini che erano rimasti a bordo per contribuire all'opera di salvataggio.

Per conseguente cedimento delle paratie interne, La moderna portaerei affondò alle 06.13 del 14 novembre, in lat. 36°03'N, long. 04°40'W, zona che si trovava a sole 25 miglia al levante di Gibilterra. Fortunatamente per i britannici, le perdite umane furono limitate al solo marinaio scelto Tennis E. Mitchell, su un totale di 1.488 uomini. Invece, le perdite degli aerei in dotazione all'*Ark Royal*, Swordfish e Fulmar degli Squadron 808° e 816°, risultarono particolarmente elevate, poiché tutti i velivoli dei due reparti (una ventina) affondarono *con la portaerei*, non essendo riusciti a decollare dal ponte di volo a causa dell'elevato sbandamento della nave.[25]

L'*Ark Royal* con lo sbandamento in aumento dopo essere stata abbandonata dall'equipaggio.

---

[25] Clay Blair, *Hitler U-Boat War, The Hunter 1939-1942*, Randon House, New York, 1996, p. 396-397.

Ottobre 1941 a Gibilterra. Visita *all'Ark Royal* del vice ammiraglio James Somerville, Comandante della Forza H. Alla sua sinistra è il comandante della portaerei, capitano di vascello Loben Edward Harold Maund.

L'equipaggio *dell'U-81 mentre* scende a terra all'arrivo a La Spezia dopo l'affondamento dell'*Ark Royal*.

Il comandante dell'*U-81*, tenente di vascello Friedrich Guggenberger, accolto a La Spezia da una rappresentanza di ufficiali e marinai italiani saluta.

Il tenente di vascello Guggenberger tra ufficiali tedeschi e un ammiraglio italiano che si congratula rivolto ad un rappresentante delle SS per il suo successo.

La Spezia, 2 aprile 1942. Il tenente di vascello Guggenberger appena decorato con la Medaglia d'Argento al Valor Militare.

La perdita dell'*Ark Royal*, che lasciava le due flotte del Mediterraneo, la Mediterranean Fleet ad Alessandria e la Forza H a Gibilterra, senza più alcuna nave portaerei, ebbe, come logica reazione da parte britannica l'aumento della vigilanza antisom nelle acque dello Stretto di Gibilterra. Ad iniziare dalla metà di novembre la Royal Air Force (RAF) rinforzò le unità aeree distaccate in quel settore di mare con tre idrovolanti a grande autonomia Sunderland" del 10° Squadron e con sei bimotori Hudson del 233° Squadron, mentre la Royal Navy fece affluire a Gibilterra, ponendole al dipendenze del Comando del Nord Atlantico, nuove unità di scorta provenienti dalle basi del Regno Unito. Inoltre, la Marina assegnò la sorveglianza dello stretto ai velivoli Swordfish dell'812° Squadron dell'Aviazione Navale (Fleet Air Arm – FAA), già imbarcati sull'affondata portaerei *Ark Royal* e che disponevano del radar di scoperta navale ASV (Air to Surface Vessel), tipo II. Strumento di scoperta utilissimo, specie di notte, per attaccare i sommergibili scoperti in superficie.

Pertanto, gli Swordfish furono incaricati di effettuare la sorveglianza in ore notturne, mentre i velivoli terrestri e gli idrovolanti Sunderland, che al momento non possedevano il radar, ebbero il compito di eseguire le ricognizioni antisom durante le ore diurne. Il risultato di questa aumentata vigilanza nelle acque dello Stretto di Gibilterra e nelle aree adiacenti non si fece attendere, e né subirono le conseguenze gli U-boote che cominciarono ad attraversare quel tratto di mare alla fine di novembre.

Piloti dei velivoli Swordfish dell'812° Squadron che dopo l'affondamento della loro nave, la portaerei *Ark Royal*, ebbero il compito di scoprire ed attaccare i sommergibili tedeschi nella zona dello Stretto di Gibilterra, che grazie al radar di bordo e alle micidiali bombe al torpex svolsero con grande efficacia.

Infatti, dei dieci sommergibili tedeschi che avevano lasciato le basi francesi del Golfo di Biscaglia per trasferirsi nel Mediterraneo, soltanto quattro (*U-431, U-577, U-562, U-652*) riuscirono a passare. Gli altri sei non furono invece in grado di superare un fitto sbarramento antisommergibile realizzato dal nemico fin dal giorno 26, e a cui partecipavano le seguenti unità:

Cinque cacciatorpediniere della 19ª Flottiglia, *Laforey, Legion, Lightning, Maori, Isaac Sweers*, e due della 13ª Flottiglia *Wishart, Vidette*; tredici corvette: *Convolvulus, Cowslip, Marigold, Pentistemon, Rhododentron, Sampire, Wetch, Coltsfoot, Geranium, Jonquil, Spirea, Azalea, Coreopsis*; e quattro trawler.

La vigilanza nel tratto di mare tra Capo Trafalgar e Capo Spartel era poi continuamente integrata da un aereo Swordfish sell'812° Squadron e da due idrovolanti Catalina del 202° Squadron.

In questa situazione di vigilanza, l'*U-95* (tenente di vascello Gerd Schreiber), che, partito da Lorient il 19 novembre era riuscito a superare lo stretto la notte del 24, fu silurato e affondato dopo nove giorni di navigazione, il 28 novembre, a nord dell'isola Alboran dal sommergibile olandese *0-21* (capitano di corvetta Johannes Frans van Dulm), che poi salvò il comandante Schreiber e undici uomini dell'equipaggio portandoli a Gibilterra. Altri trentacinque uomini dell'*U-95* decedettero nell'affondamento del proprio sommergibile, avvenuto a 190 miglia ad ovest di Gibilterra, in lat 36°24'N, 03°20'W.[26]

---

[26] Lo *0-21* quando incontrò l'*U-95* stava rientrando a Gibilterra da una missione svolta nel Tirreno dove aveva avvistato e diverse navi italiane, isolate e in convoglio, e in una serie di

Il tenente di vascello Gerd Schreiber sulla torretta del sommergibile *U-95*.

attacchi ne affondò due: il motoveliero *San Salvatore* e il piccolo piroscafo *Unione*. Il 28 settembre lo *O-21* avvistò nell'oscurità un sommergibile non identificato che navigava in emersione. Anche il tenente di vascello Schreiber aveva individuato dalla torretta dello *U-95* un sommergibile sconosciuto. Ma, con ancora il ricordo dell'errore commesso il 5 marzo 1941 con l'affondamento, a ovest-nordovest di Rockall del piroscafo svedese *Murjek*, di 5.070 tsl. che navigava con le luci accese, per evitare di affondare un'unità amica, Schreiber decise di avvicinarsi ed emergere trasmettendo all'ignoto sommergibile dei segnali luminosi tramite il lampeggiatore. Lo *O-21* accortosi che i segnali luminosi erano incompatibili con quelli adottati dagli alleati lanciò immediatamente due siluri verso l'*U-95*: il primo siluro sfiorò il bersaglio mentre il secondo andò a segno prima che l'U-boote riuscisse a sparare con il proprio cannone da 88 mm. In sette missioni di guerra l'*U-95*, sempre al comando del tenente di vascello Schreiber, aveva affondato 8 navi per 28.415 tsl. e danneggiate altre 4 navi per 27.916 tsl.

Il rientro a Gibilterra del sommergibile olandese *0-21* dopo aver affondato l'*U-95*.

Lo sbarco a Gibilterra dallo *0-21* dei prigionieri tedeschi superstiti dell'*U-95*.

Sul palco a destra, durante una cerimonia, il comandante dello *O-21*, capitano di corvetta Johannes Frans van Dulm.

La stessa fine dell'*U-95* capitò all'*U-206* (tenente di vascello Herbert Optiz), che salpato da Saint Nazaire, base della 7ª Squadriglia Sommergibili, attraversando nella navigazione di trasferimento il Golfo di Biscaglia non dette più sue notizie. Fu ritenuto che fosse stato affondato in quella zona il 29 novembre da un velivolo Whitler del 502° Squadron della RAF; ma ricerche più recenti riportate nel sito uboat.net, lo ipotizzano perduto poco dopo la partenza da Saint Nazaire su uno sbarramento di mine posate da aerei della RAF fin dall'agosto 1940 e chiamato Beech. Il sommergibile attaccato dal Whitley del 502° Squadron sarebbe stato l'*U-71* (capitano di corvetta Walter Flachsenberg), del Gruppo "Srteuben" operante in Atlantico, che per i notevoli danni riportati alle macchine fu costretto a rientrare alla base.

Altri tre sommergibili scoperti di notte con il radar e attaccati dagli aerei britannici riportarono danni talmente estesi da essere costretti a rientrare nei porti francesi di Lorient, Saint Nazaire e Brest. L'*U-96* (tenente di vascello Heinrich Lehmann-Willenbrock),[27] e l'*U-558* (tenente di vascello Günther Krech) furono attaccati le notti sul 30 novembre e sul 2 dicembre a ponente di Gibilterra dagli Swordfish dell'812° Squadron della FAA. L'*558* fu anche ricercato e sottoposto senza esito a lancio di bombe di profondità dallo sloop *Stork* e dalla corvetta *Samphire*. Invece l'*U-563* (Tenente di vascello Klaus Heinrich Bargsten) fu bombardato e mitragliato il 30 novembre nel Golfo di Biscaglia da un

---

[27] Su tentato superamento dello Stretto di Gibilterra dell'*U-96*, che assieme all'*U-.332*, *U-402* e *U-552* era del Gruppo "Bennecke" impiegato in Atlantico contro i convogli britannici, nel 1981 fu realizzato in Germania il famoso e realistico film *Das Boot* (in italiano *U-96*), in cui l'attore Jürgen Prochnow fa la parte del comandante Heinrich Lehmann-Willenbrock, che tra l'11 dicembre 1940 e il 9 marzo 1942 affondò 25 navi per 179,125 tsl e ne danneggiò altre 2 per 15,864 tsl, meritandosi l'Eichenlaub, l'alta decorazione delle fronde di quercia sulla croce di cavaliere.

velivolo Whitley del 502° Squadron della RAF, con pilota il tenente W.W. Cave. Per soccorrere il sommergibili il B.d.U. dette ordine all'*U-206* e all'*U-71* (che come detto era stato danneggiato il giorno prima ed era in rotta per la base) di raggiungerlo e dargli assistenza nella navigazione di rientro a Lorient raggiunta il 3 dicembre.

Lo Stretto di Gibilterra. Da *Wikipedia*.

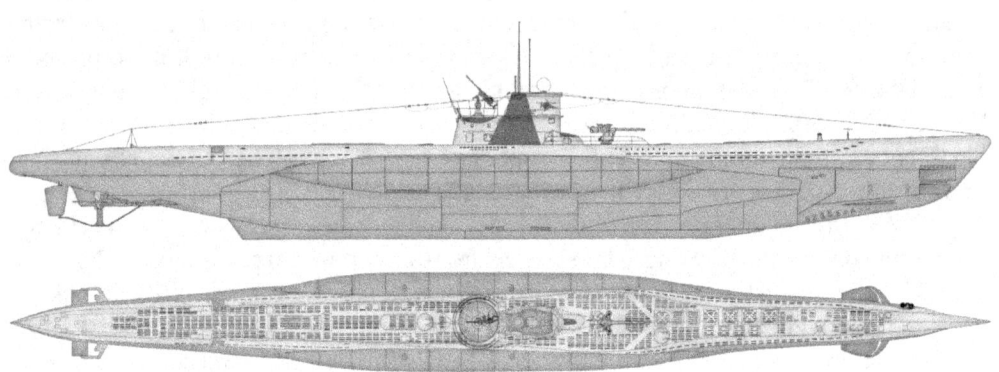

U-96, del tipo VII B. Da *the- Blueprints*. Com

Secondo da destra il tenente di vascello Heinrich Lehmann-Willenbrock, comandante dell'*U-96* che danneggiato da un velivolo Swordfish di Gibilterra, mentre dirigeva per entrare nel Mediterraneo, dovette rientrare alla base. A Lehmann-Willlenbrock è stato accreditato l'affondamento di 24 navi per 170.237 tsl, più 1 nave resa irreparabile (total loss) per 8.888 tsl., e 2 navi danneggiate per 15.864 tsl. Insignito con la Ritterkreuz, la croce di cavaliere, il 1° dicembre 1944 Lehmann-Willlenbrock fu nominato capitano di fregata.

U-96 in navigazione nel 1942.

Film *Das Boot* (in italiano *U-96*), da una romanzo del corrispondente di guerra Lothar-Günther Buchheim, che nel 1941 partecipò ad una missione sul sommergibile. Al centro l'attore Jürgen Prochnow nella parte del tenente di vascello Heinrich Lehmann-Willenbrock. In precedenza, in Germania era stata girata all'*U-96* una miniserie televisiva.

Il concentramento dei sommergibili tedeschi nelle acque occidentali e orientali di Gibilterra

All'inizio di novembre 1941 la situazione per le forze dell'Asse andava precipitando perché, mentre si tentava di fare ogni sforzo per far giungere i rifornimenti in Libia con il minimo danno, fornendo ai convogli impostanti adeguate scorte navali che includevano sempre almeno una divisione di due incrociatori italiani, i britannici avevano potenziato proprio in quel mese i loro sforzi offensivi. Infatti, sebbene i successi conseguiti fino ad allora dai sommergibili e degli aerei di Malta fossero stati più che buoni, i britannici decisero di migliorarli inviando sugli aeroporti dell'isola velivoli da ricognizione muniti di apparato radar di scoperta navale ASV ed aerosiluranti con maggiore autonomia, per appoggiare le azioni antinave che venivano svolte da due o tre squadron di bombardieri Blenheim del Comando Costiero della RAF (Coastal Command), che si davano il turno arrivando in volo dall'Inghilterra.

Nello stesso tempo, dopo che era stata più volte discussa all'Ammiragliato britannico la questione di far stazionare nel porto della Valletta una forza d'attacco di superficie, più volte richiesta dal Comandante della Flotta del Mediterraneo, ammiraglio Andrew Browne Cunningham, il progetto prese corpo inviando a Malta gli incrociatori leggeri *Aurora* e *Penelope*, prelevati dalla Home Fleet, e dai grossi cacciatorpediniere *Lance* e *Lively*, distaccati dalla Forza H di Gibilterra. Questa piccola formazione navale denominata Forza K, al comando del capitano di vascello William Gladstone Agnew sull'*Aurora* con incarico di commodoro, giunse a Malta il 21 ottobre e venti giorni più tardi, nella notte del 9 novembre, dette una dimostrazione della sua combattività e pericolosità distruggendo interamente un convoglio italiano di 2 petroliere e 5 piroscafi, nonché un cacciatorpediniere della potente scorta che comprendeva i 2 incrociatori pesanti *Trieste* e *Trento* e 10 cacciatorpediniere. Fu una delle maggiori e dolorose sconfitte subite dalla Regia Marina, che negli anni a venire del dopoguerra avrebbe sollevato una coda continua di polemiche, mai sopite.[28]

Era solo l'inizio, perché nei successivi venti giorni la Forza K, terrorizzando con le sue incursioni sulle rotte libiche i comandi italiani, riuscì ad affondare altre cinque navi mercantili e un cacciatorpediniere di scorta (*Alvise Da Mosto*), distruggendo interamente tre piccoli convogli, uno dei quali, il "Maritza", con due piroscafi tedeschi.[29] In questo mese di novembre, in una serie di attacchi in cui si distinsero anche i sommergibili e gli aerei di Malta, furono eliminati ben tre quarti dei pochi piroscafi che tentavano di raggiungere la Libia. E ciò porto alla conseguenza che soltanto una minima parte delle esigenze dell'Esercito italo – tedesco in Cirenaica poté essere soddisfatta, proprio nel momento in cui il nemico con l'operazione "Crusader", iniziata come detto il 18 novembre, aveva scatenato una violenta controffensiva.

Naturalmente le forti perdite di naviglio riscontrate sulle rotte con la Libia causarono a Roma, negli Stati Maggiori delle Forze Armate e negli ambienti tedeschi, un notevole allarme. In effetti la situazione era divenuta drammatica, specialmente quando, la notte tra il 21 e il 22 novembre un convoglio partito da Napoli e diretto in Libia dovette tornare indietro per il siluramento di due incrociatori della scorta, il *Trieste* e il *Duca degli Abruzzi*, da parte del sommergibile *Utmost* (tenente di vascello Richard Douglas Cayley) e da un aerosiluranti dell'830° Squadron della Royal Navy (tenente di vascello Roger Kerrison), entrambi di base a Malta. Lo stesso accadde alla fine del mese ad un altro intero convoglio di cinque motonavi partito da Taranto, che dovette rientrare per la segnalata presenza in mare non soltanto della Forza K, ma anche di incrociatori della Mediterranean Fleet, che erroneamente si ritenne nei comandi italiani avessero il sostegno di navi da battaglia uscite da Alessandria. Causava allarme la perdita dell'importante materiale imbarcato sulle navi mercantili e di petroliere con prezioso combustibile, ma soprattutto per la consapevolezza di uno stato di inferiorità tecnica e tattica nei confronti del nemico difficilmente colmabile.

Fin dall'11 novembre, in una riunione ad alto livello tenuta al Comando Supremo sotto la direzione del Capo di Stato Maggiore Generale, Ugo Cavallero, avvenuta con lo scopo di vagliare minuziosamente le cause della sfavorevole situazione strategica, causata dalla perdita del convoglio "Duisburg", e di studiare il modo per metterci rimedio, il Sottocapo di Stato Maggiore della Marina, ammiraglio Luigi Sansonetti, aveva riconosciuto che per superare il blocco del nemico occorreva incrementare l'impiego di mezzi aerei e navali.

---

[28] L'avvenimento, stampato in due puntare dal Bollettino d'Archivio dell'Ufficio Storico della Marina nel 1997, con il titolo *Il disastro del convoglio Duisburg*, è stato da noi aggiornato per la Collana Sismi e per l'Academia Edu con il saggio *Il disastro del 9 novembre 1941. La 3ª Divisione Navale e la fine* del *convoglio "Duisburg"*.

[29] Anche per questo episodio vedi in Academia Edu, *La distruzione del convoglio tedesco "Maritza" e l'affondamento della corazzata britannica Barham (24-25 novembre 1941)*.

Alla stessa conclusione era arrivato anche Hitler , che il 13 novembre, durante una delle sue periodiche conferenze con i Capi della Marina tedesca, incaricò l'ammiraglio Weichold, nominato Comandante della Marina Germanica in Italia, di trattare la questione. Weichold, la cui sede di Comando era a Roma nel Palazzo Marina del Lungotevere delle Armi, a stretto contatto con la sede di Supermarina, dopo aver fatto presente all'ammiraglio Sansonetti la necessità di assicurare i rifornimenti anche con l'impiego di unità leggere della Flotta e di sommergibili, inviò il 28 novembre un dettagliato promemoria al Capo di Stato Maggiore, ammiraglio Arturo Riccardi, che rispose di condividere quella valutazione.

L'ammiraglio Arturo Riccardi, Capo di Stato Maggiore della Marina italiana in visita all'incrociatore pesante *Gorizia* a Messina. Gli è accanto a destra l'ammiraglio Angelo Parona, Comandante della 3ª Divisione navale, ed è seguito a sinistra dall'ammiraglio Angelo Iachino, Comandante della Squadra Navale.

Frattanto, l'11 novembre 1941, il B.d.U. riportava nel suo Diario di Guerra quello che doveva essere l'organizzazione dei sommergibili nel Mediterraneo, specificando:[30]

Una revisione dell'organizzazione del controllo operativo nel Mediterraneo ha portato alle seguenti decisioni:
1) Il controllo operativo dei sommergibili deve essere effettuato da Roma, in quanto questo è l'unico modo per assicurare una cooperazione sufficientemente stretta con gli altri Comandi operativi.
2) Il Comando operativo dei sommergibili a Roma deve anche assumere il controllo dei sommergibili nel Mediterraneo orientale se le operazioni su larga scala rendono questo compito imperativo.

---

[30] Kriegstagebücher (KTB) - F.d.U./B.d.U.'S War 1941 - PG30301B.

3) La difficoltà del compito richiede non solo una personalità con qualifiche speciali, ma che deve anche avere una posizione sufficientemente responsabile.
4) Per le unità che operano nel Mediterraneo occidentale deve essere creata una base attrezzata con un'organizzazione di flottiglia.
Conformemente a questi punti di vista, è stato richiesto al Comando della Marina di:
a) Creare un "F.d.U. [Comando dei sommergibili] per il Mediterraneo nel Comando dell'ammiraglio tedesco a Roma", subordinato al B.d.U. ed operativamente subordinato [a Roma] all'ammiraglio tedesco.
b) verranno sottoposti al comando del "F.d.U. Mediterraneo": 23ª flottiglia Sommergibili, a Salamina, che manterrà il controllo tattico nel Mediterraneo orientale fino a quando il compito operativo si svolgerà nella zona Tobruk - Alessandria. 29ª Flottiglia Sommergibili, a Spezia (da costituire recentemente).

Nel frattempo, in seguito all'inizio della vittoriosa offensiva dell'8ª Armata britannica in Cirenaica, sostenuta da una forte aviazione e dai bombardamenti costieri delle unità della Mediterranean Fleet, incrociatori e cacciatorpediniere, il Führer si convinse che occorreva assolutamente evitare un eventuale afflusso di rinforzi nemici da Gibilterra in Egitto, che tuttavia era un eventualità che i britannici non avevano pianificato. Hitler, deciso a prevenire quegli eventuali rinforzi anche a costo di rinunciare temporaneamente alle operazioni in Atlantico, ordinò di portare da 24 a 36 il numero dei sommergibili da impiegare nel Mediterraneo, senza che la SKL opponesse alcuna protesta ad una tale decisione, anche perché il Capo della Marina, grande ammiraglio Raeder condivideva i timori di Hitler, spingendosi ancora più avanti. Ossia, sulla base delle notizie confidenziali ricevute dal suo servizio d'informazione (B-Dienst) e da parte italiana, temeva che i britannici avessero l'intenzione di occupare i territori del Nord Africa Francese del Marocco e dell'Algeria, per poi eventualmente occupare la Tunisia in modo da controllare il Canale di Sicilia, senza che dagli italiani vi fosse stata adeguata reazione.

Ciò era ampiamente dimostrato dalla loro stessa incapacità di contrastare i convogli britannici diretti a Malta e di assicurare il libero transito dei convogli dell'Asse sulle rotte libiche, che in quel periodo erano letteralmente strangolate dalla piccola Forza K che, lo ricordiamo, disponeva soltanto di due piccoli incrociatori leggeri e due cacciatorpediniere di squadra. Nella scelta di carattere strategico di aumentare i sommergibili in Mediterraneo a un totale di 36, che portava il Mediterraneo ad essere il maggiore settore di guerra dell'arma subacquea germanica, il Führer dovette vincere le opposizioni degli ammiragli Raeder e Dönitz che, giustamente, erano preoccupati per il proseguimento della guerra in Atlantico; ciò anche perché, nel contempo essi, sempre per ordine di Hitler, avevano dovuto concentrare all'estremità occidentale dello Stretto di Gibilterra gran parte dei battelli rimasti ad operare in oceano.

La SKL prevedeva in definitiva di dislocare complessivamente 36 sommergibili in Mediterraneo, come ordinato da Hitler, per averne di massima 18 disponibili per le operazioni; salvo ad aumentare ancora tale numero di altre 4 unità subacquee per assicurare compatibilmente con i mezzi di raddobbo, il previsto numero di 18 sommergibili contemporaneamente ed effettivamente presenti in mare per le operazioni.

L'accoglimento dei sommergibili tedeschi nelle basi dei sommergibili italiani, e gli accordi di collaborazione che ne seguirono per i lavori nei cantieri nazionali.

In seguito alla decisione e agli ordini di Hitler, la Seekriegsleitung comunico a Supermarina che avrebbe rinforzato le unità subacquee nel Mediterraneo orientale, rinunciando temporaneamente ad agire nel bacino occidentale. Ciò avvenne il 21 novembre quando l'ammiraglio Weichold, consegnò a mano all'organo operativo dello Stato Maggiore della Regia Marina la lettera A1/Gkdos 7216, dall'oggetto "*Basi di appoggio per sommergibili germanici*", in cui era richiesto:[31]

I nuovi sviluppi della situazione nel Mediterraneo, specialmente l'appoggio nella lotta difensiva contro l'attacco inglese in Cirenaica e la necessità dell'intervento contro prossime azioni di sbarco presso Algeri ed Orano (secondo comunicazioni dello Stato Maggiore della R. Marina Italiana) obbligano ad un ulteriore rinforzato impiego dei sommergibili nel Mediterraneo orientale e occidentale. Ulteriori particolari sull'impiego dei sommergibili germanici verranno comunicati continuamente alla Marina Italiana.

Il già accresciuto numero ed un ulteriore aumento imminente di sommergibili germanici nel Mediterraneo ha causato un nuovo esame del più opportuno risolvimento della questione delle basi di appoggio.

In questa connessione è stato considerato che la base approntata per i sommergibili a Salamina non può essere presa, in nessun caso, in considerazione per l'appoggio di ulteriori unità.

La base di La Spezia che è stata messa a disposizione ed approntata dalla R. Marina Italiana nel modo più ampio immaginabile, non può accogliere per quanto è prevedibile da qui, ulteriori sommergibili oltre il numero dei 12 avviati dalla Kriegsmarine.

La Seekriegsleitung sarebbe quindi grata, allo Stato Maggiore della R. Marina Italiana se desse occasione al Comandante In Capo del Comando Marina Germanica di discutere e portare ad una soluzione la questione di mettere, per ora, a disposizione un'ulteriore base di appoggio per altri 12 sommergibili.

La Seekriegsleitung coglie anche questa occasione, per apprezzare con gratitudine il benevole venir incontro pieno di intelligenza e cameratismo della R. Marina Italiana in tutte le questioni riguardanti i sommergibili, MAS e Dragamine Germanici.

La risposta di Supermarina fu trasmessa come segue:[32]

È in esame la possibilità di mettere a disposizione la Base di Brindisi, la cui capacità logistica è di 6 sommergibili, ed eventualmente in un secondo tempo, parte della base di Napoli (Molo S. Vincenzo) la cui capacità logistica è di 10 – 12 sommergibili.

---

[31] Francesco Mattesini, *Corrispondenza e Direttive tecnico operative di Supermarina – Scacchiere Mediterraneo*", Volume II, tomo 2° (giugno 1941 – dicembre 1941), USMM, Roma, 2002, Documento n. 478, p. 1139.

[32] AUSMM, *Basi di appoggio per sommergibili germanici*, foglio 27130 del 28 novembre 1941.

Si reputa opportuno far presente che nella base di Napoli la Marina Italiana ha sempre tenuti dislocati una media di 18 – 20 sommergibili, sia pure con qualche leggera restrizione di spazio.

Per quanto sopra, è forze necessario prendere in esame la convenienza di aumentare da 12 a 16 – 18 il numero dei sommergibili germanici da dislocare a La Spezia.

In discussioni verbali, dal momento che anche il Comando tedesco, come detto, si trovava nel Ministero della Marina italiana, fu stabilito che una Commissione di tecnici si sarebbe recata a visitare le basi di Brindisi e Napoli, per constatare quali erano le condizioni logistiche, anche nei riguardi delle possibili riparazione dei sommergibili tedeschi, ma senza prendere accordi definitivi, che sarebbero stati stabiliti a Roma nel corso di un'apposita riunione.[33]

La riunione si svolse il 5 dicembre, e partendo dal principio che sarebbero stati trasferiti in Mediterraneo, come detto, un totale di 36 sommergibili, dei quali 18 dovevano trovarsi nelle zone d'operazione e altrettanti nelle basi, la possibilità di mantenere queste proporzione di 1 a 1 sarebbe dipesa dalla possibilità di riparazione dei cantieri. E considerando l'insufficienza di riparazione dei cantieri di Salamina, la cui capacità era al momento di poter compiere lavori soltanto a quattro sommergibili, era richiesto dall'ammiraglio Weichold che anche otto sommergibili della 23ª Flottiglia fossero riparati in Italia. Nello stesso tempo occorreva sapere quali erano *"il limite e possibilità a La Spezia di aumentare le capacità di lavoro e la possibilità d'accogliere altre unità"*; e se ciò non fosse risultato soddisfacente occorreva conoscere quali altre basi (incluse Napoli e Brindisi da prendere in considerazione), la Marina italiana avrebbe potuto mettere a disposizione. Tuttavia il desiderio di Weichold, come egli scrisse, era quello *"preferibile di avere una sola base di appoggio e di lavoro per i sommergibili tedeschi per economia di personale e di materiale, per l'attrezzatura più redditizia se concentrata, per la semplificazione logistica in genere che ne verrebbe"*.

---

[33] AUSMM, *Supermarina – Appunto circa cessione di basi di Sommergibili alla Marina Tedesca*, 4 dicembre 1941.

L'*U-133* ai lavori a Salamina.

In definitiva Wichold desiderava che per i lavori tutti i sommergibili tedeschi della 29ª Flottiglia e parte della 23ª, avessero come unica base in Italia il porto di La Spezia. Di questa stessa opinione era Maricosom che, tranne l'ammiraglio Romeo Oliva, Comandante in 2ª della Squadra Sommergibili, sostenne che la base da cedere ai tedeschi era quella di La Spezia, le cui dimensioni per il posteggio potevano essere incrementate "*rinunciando in gran parte ai lavori per le unità di superficie*", mentre le possibilità di lavoro per i pochi sommergibili italiani che vi avevano base, al massimo tre unità, non ne sarebbe stata molto risentita, anche perché per i lavori si poteva ripiegare sui vicini cantieri O.T.O. di Muggiano e Genova.

Dovendo escludere, per molti motivi, soprattutto di spazio, di fare posto per i sommergibili tedeschi a Napoli e a Brindisi, Oliva riteneva che, "*sebbene La Spezia avesse l'inconveniente (non importante del resto) della lontananza e dalla necessità di passare lo Stretto* [di Messina] *per i sommergibili operanti nel Mediterraneo Orientale, avrebbe* [avuto] *però il vantaggio della maggior vicinanza alle fonti di rifornimento dei materiali per i sommergibili tedeschi ed evitato ai treni di tali materiali* [in arrivo dalla Germania] *il percorso di tutta o parte della penisola* [italiana].[34]

Supermarina, valutate le nuove richieste per la costituzione in Italia di una nuova base che servisse, a brevissima scadenza, per le operazioni degli U-boote che erano attesi, come riferì l'ammiraglio Weichold in una riunione del 10 dicembre, non potendolo "*soddisfarle in modo totale*", per l'insufficienza di spazio a Napoli e Brindisi e per le esigenze dei propri sommergibili in quelle basi, decideva di cedere ai tedeschi uno spazio per raddobbo nel porto di Pola.

---

[34] AUSMM, Conferenza e Appunto di Maricosom sulle "*Basi per Sommergibili in Italia*", 5 dicembre 1941.

Questa eventualità, assieme a tutta la questione delle basi, fu nuovamente discussa a Supermarina il 19 dicembre, in una conferenza ad alto livello presente l'ammiraglio Weichold e i delegati della Marina tedesca, inclusi i due ufficiali addetti della Regia Marina, capitano di fregata Adriano Foscari e capitano di corvetta Fausto Sestini. Da parte italiana vi parteciparono gli ammiragli Bruno Brivonesi [appena nominato Sottocapo di Stato Maggiore aggiunto della Marina][35], Oliva, Vicedomini e Pinna, il generale G.N. D'Esposito, il capitano di vascello Bertarelli, i colonnelli G.N. Mottola e Alessi, e i tenenti colonnelli Colombini e A. Ganucci, quest'ultimo in rappresentanza della Ditta O.T.O. In questa importante conferenza fu convenuto *"che le basi dei sommergibili tedeschi operanti nel Mediterraneo saranno, in Italia, a La Spezia e Pola (Scoglio Ulivi)*, dove sarebbero stati requisiti per il personale alberghi a Brioni.

Con questo accordo fu convenuto che facendo rientrare 110 operai da Betasom, dato il numero ridotto di sommergibili che sarebbero rimasti nella base di Bordeaux, e con l'esonero di altri 520 altri operai, fin da subito sarebbe stato possibile mettere ai lavori sette sommergibili (5 a La Spezia e 2 a Pola), e altri 7 sommergibili fino al 15 febbraio 1942, a patto però che gli operai arrivassero in parte subito e in parte entro la fine di gennaio. Per far posto agli equipaggi tedeschi, una parte degli equipaggi della Scuola Sommergibili di Pola (25 ufficiali, 54 sottufficiali e 120 sottocapi e comuni), dovevano lasciare le loro sedi per trasferirsi sulla nave *Savoia*, fatta venire da Ancona.

La nave reale *Savoia*.

---

[35] Ricordiamo che Bruno Brivonesi, era considerato, come comandante della 3ª Divisione Navale, il massimo responsabile della distruzione del convoglio "Duisburg" e dell'impunità in cui l'impresa fu compita dalla Forza K. Pe questo motivo era stato sottoposto a corte marziale, che lo assolse! Il 9 settembre 1943 lo ritroviamo al Comando di Marina La Maddalena, dove fu catturato con colpo di mano dai tedeschi. E ciò avvenne proprio nel momento in cui alla Squadra Navale da Battaglia dell'ammiraglio Carlo Bergamini fu impedito di entrare in porto. Il risultato fu che le navi dovettero invertire la rotta, e il successivo attacco aereo tedesco avvenuto a nord dell'Asinara portò all'affondamento della grande e moderna corazzata *Roma*, la nave ammiraglia di Bergamini. Cfr., Francesco Mattesini, *La Marina e l'8 settembre, I Tomo, Le ultime operazioni offensive della Regia Marina e il dramma della Forza Navale da Battaglia*; II Tomo, *Documenti* (in massima parte in fotocopia dall'originale), Ufficio Storico della Marina Militare, Roma, 2002.

Si specificava nel Verbale della riunione, con sottolineato (nostro il neretto):[36]

È del massimo interesse che venga senz'altro iniziata e condotta a termine la pratica col Comando Supremo per l'esonero degli operai specializzati come indicato nel verbale della riunione dell'11 c.m.

Come si vede la Regia Marina italiana dava alla Marina germanica, con indubbi sacrifici, ogni aiuto cameratesco possibile, che poi andava esteso anche alle due squadriglia di motosiluranti e moto dragamine di dislocare in Italia, in arrivo dalla Francia attraverso i canali navigabili fino ai porti della Costa Azzurra e iniziale trasferimento a La Spezia attraversando il Mar Ligure.

I dettagli dell'accordo sono poi spiegati in un Promemoria del 6 gennaio 1942, in cui si riportava:[37]

La situazione delle basi e dei cantieri è stata esaminata di comune accordo tra Autorità germaniche e italiane, e tenendo conto delle basi e dei lavori occorrenti per i 70 sommergibili nazionali attualmente in servizio in Mediterraneo, e degli impegni dei cantieri per le nuove costruzioni (n. 22 sommergibili).
È stato convenuto di assegnare alla Marina Germanica la base di raddobbo di Pola (Scoglio Ulivi) sussidiata dai cantieri C.R.D.A. oltre a quella di La Spezia, che potrà essere sussidiata dai cantieri O.T.O. Attualmente tali basi potranno provvedere a lavori contemporanei di 7 sommergibili. Con il richiamo di 110 operai da Betasom, l'esonero di 820 operai attualmente richiamati alle armi, con la sistemazione di nuovi macchinari in arrivo dalla Germania, si calcola di poter aumentare la capacità delle basi in modo che a partire dal 15 febbraio potranno essere compiuti i lavori contemporanei a 12 unità. L'industria italiana non consente possibilità maggiori.
Sono rimasti invece temporaneamente in sospeso le questioni relative all'impiego, ed in particolare quella della zona di operazione.
Lo stabilire delle zone di operazione ben definite per i sommergibili italiani e per quelli alleati é questione che presenta vantaggi ed inconvenienti.
I vantaggi risiedono essenzialmente nel rendere semplici le comunicazioni e la cooperazione delle unità dislocate nella stessa zona. L'inconveniente maggiore, che è costituito dalla difficoltà di dosare le forze nei vari settori, secondo le mutevoli esigenze della situazione, può essere superato stabilendo in primo tempo che l'ampiezza delle zone d'operazione sia proporzionata al numero medio dei sommergibili pronti di ciascuna Marina, e rivedendo quando occorre, a seconda del ciclo operativo, la distribuzione delle zone stesse.
Occorre però affidare il funzionamento dei Comandi centrali (Supermarina – Maricosom – Comando Marina Germanica) in modo che l'impiego dei sommergibili risulti ben dosato e coordinato.

---

[36] AUSMM, *Supermarina, Riunione del 18 settembre 1941-XX per l'approntamento di basi per Sommergibili tedeschi in Italia*.
[37] Francesco Mattesini, *Corrispondenza e Direttive tecnico operative di Supermarina – Scacchiere Mediterraneo"*, Volume II, tomo 2° (giugno 1941 – dicembre 1941), USMM, Roma, 2002,, Documento n. 541, p.1289-1290.

Le basi per il funzionamento del Comando Centrale sono già state stabilite di comune accordo tra le due Marine. Appare desiderabile che il Comando Germanico in Italia, fornisca maggiori elementi sulla situazione giornaliera dei sommergibili dipendenti, a somiglianza di Maricosom, in modo che Supermarina abbia una precisa visione di quelle che possono essere le possibilità della guerra in Mediterraneo.

Quattro sommergibili tedeschi a lavori in cantiere a La Spezia, sede della 29ª Flottiglia.

Come si vede da quanto riportato nel Promemoria, Supermarina intendeva mantenere con la propria ingerenza il controllo delle operazioni nell'intero Mediterraneo, fissando essa stessa l'impiego "*coordinato e dosato*" dei sommergibili, elemento che invece non soddisfaceva i tedeschi, la cui intenzione era quelle di mantenersi autonomi per quanto possibile, stabilendo essi stessi quali erano gli obiettivi e gli scopi operativi da assegnare alle proprie unità subacquee. Ed infatti essi agirono sempre autonomamente, limitandosi, di tanto in tanto, ad avvertire preventivamente Supermarina sulle loro intenzioni, e giornalmente sulla posizione in cui si trovavano i loro sommergibili. Naturalmente anche Supermarina forniva le necessarie informazioni riguardo al movimento dei propri sommergibili.

L'accentramento delle operazioni e delle responsabilità della guerra subacquea, non soddisfaceva il Comandante di Maricosom, ammiraglio Mario Falangola, ex esperto sommergibilista della Prima Guerra Mondiale, imbarcato sull'*Argo*, *F-7* (con il quale affondò le due navi austroungariche *Pelagosa* e *Euterpe*) e *Lorenzo Marcello*, guadagnandosi tre Medaglie d'argento e due di Bronzo al Valor Militare, oltre a due promozioni per Merito di Guerra.

Di fronte ai successi che mietevano i sommergibili tedeschi, a cui non corrispondevano assolutamente quello delle sue unità subacquee, il 9 dicembre 1941 Falangola presentò a Supermarina un coraggioso *«Esame critico della preparazione della condotta e dei risultati della nostra guerra subacquea»*. In esso elencava tutta una serie di insuccessi, ma in particolare il metodo di costruzione dei sommergibili, lamentando una serie di inefficienze da far tremare i polsi a chi doveva leggere il documento, e le deficienze nel campo operativo. Questo documento è stato da noi portato all'attenzione dell'opinione pubblica fin dal 1993, con la pubblicazione da parte dell'Ufficio Storico della Marina Militare del nostro libro "*Betasom. La guerra negli Oceani (1940-1943)*. Il medesimo documento si trova anche nel nostro Secondo Volume della "*Corrispondenza e Direttive Tecnico-Operative di Supermarina*".[38]

Particolarmente significativa è la parte iniziale che è di seguito riportata:

La Marina italiana, a differenza rispettivamente della Marina tedesca e della Marina britannica, non ha raccolto nella Prima guerra mondiale né una esperienza della guerra subacquea né una esperienza del contrasto antisommergibile che potessero servire di base per una grande guerra navale mediterranea ed oceanica.

Per rendersi conto della nostra inferiorità di quel tempo rispetto all'arma subacquea germanica, basti considerare che mentre già al principio del 1915 i sommergibili germanici erano capaci di missioni della durata di vane settimane e compivano senza scalo il trasferimento dal Mare del Nord all'Adriatico (3.000 miglia), nel 1917 la nostra Marina conduceva ancora la guerra con i piccoli sommergibili tipo "F", capaci di missioni di due o tre giorni soltanto, attraversando nei due sensi l'Adriatico (largo appena 50 miglia)!

Perciò, per poter essere perfettamente all'altezza dei duri e grandiosi compiti di una guerra navale mediterranea e oceanica contro l'Inghilterra, nell'intervallo fra le due guerre la Marina italiana avrebbe dovuto riuscire non soltanto a superare tutta la distanza che la separava inizialmente dalla Marina germanica e dalla Marina inglese, ma altresì a tenere dietro ai loro ulteriori progressi. Tutto ciò avrebbe potuto essere fatto, basandosi sull'esperienza altrui che non è mai così conosciuta, così convincente e così istruttiva come la propria; giovandosi di una industria assai meno progredita e potente; intuendo e scoprendo i perfezionamenti e i progressi delle altre Marine tenuti gelosamente segreti (la collaborazione colla Marina alleata ha avuto i primi inizi solo quando la nostra flotta subacquea era in massima parte già costruita, ed è entrata nella fase realizzativa dopo l'inizio della guerra).

In tali condizioni la Marina italiana ha fatto bensì dei grandi progressi, ma non quelli assai più grandiosi che sarebbero stati necessari, e si è presentata alla guerra con una flotta subacquea che sarebbe stata molto potente e temibile nelle condizioni della guerra passata, mentre è risultata di scarsa efficienza nelle nuove condizioni della guerra aeronavale.

---

[38] Francesco Mattesini, *Betasom. La guerra negli Oceani (1940-1943)*, 1ª Edizione, USMM, Roma, 1993; Francesco Mattesini, *Corrispondenza e Direttive tecnico operative di Supermarina – Scacchiere Mediterraneo*", Volume II, tomo 2° (giugno 1941 – dicembre 1941), USMM, Roma, 2002, Documento n. 543, p. 1298-1311.

Qualcuna fra le deficienze più salienti dei nostri sommergibili era stata messa in evidenza dalla guerra di Spagna, Ma essa ha preceduto solo di tre anni il nostro intervento nella guerra attuale e, comunque, l'esperienza della guerra di Spagna non può in alcun modo essere paragonata con quella di una grande guerra aeronavale contro l'Inghilterra, nello stesso modo che la campagna di Etiopia non poteva evidentemente costituire una prova convincente e un'esperienza esauriente di guerra terrestre nei confronti di una futura guerra contro un esercito europeo.

Il vero confronto colle più progredite unità subacquee del mondo si è avuto perciò solo a guerra iniziata, attraverso i primi contatti delle nostre forze subacquee dislocate in Atlantico con gli U-boote germanici; e il vero confronto con la più progredita organizzazione antisommergibile si è determinato solo all'urto con la potenza navale britannica.

Questi confronti hanno dimostrato che la distanza che ci separava dalla Marina germanica e da quella britannica non era stata ridotta abbastanza.

La dimostrazione è venuta attraverso la scarsezza dei risultati e la gravità delle perdite, o meglio dall'esame della "entità dei risultati riferiti a quella delle perdite".

È a conclusione del documento, dopo aver elencato minuziosamente tutti i difetti riscontrabili dai sommergibili italiani, le differenze con i sommergibili tedeschi e britannici, superiori per sistemi di costruzione, materiale, strumenti tecnici, nonché le carenze del personale e l'efficienza della difesa britannica mediante aerei e unità navali, l'ammiraglio Falangola aggiunse:

In definitiva, nei venti anni precedenti la Seconda guerra mondiale era mancata una linea di sviluppo che perseguisse lo scopo di raggiungere la massima affidabilità bellica dei sommergibili, ed era mancata, soprattutto, una struttura tecnica lungimirante che facesse tesoro delle esperienze fatte dai belligeranti nella Prima guerra mondiale.

Pochi giorni dopo la presentazione a Supermarina di quest'importante e sincero documento, l'ammiraglio Falangola fu sostituito nella sua carica ai vertici di Maricosom dall'ammiraglio Antonio Legnani, che nel corso della guerra di Spagna, tra il 1936 il 1939, era stato alla guida dei sommergibili italiani nella loro oscura attività bellica contro il naviglio della Repubblica spagnola e dei paesi che trafficavano con essa, in ogni parte del Mediterraneo, compresa la Russia e parecchi armatori britannici.

A sinistra, l'ammiraglio Mario Falangola, Comandante in Capo della Squadra Sommergibili (Maricosom) al Comando del B.d.U. a Karneval (Lorient) nel febbraio 1941. Gli è accanto, a destra, il capitano di corvetta Günther Prien famoso comandante dell'*U-47*. Nella stessa occasione del viaggio in Francia Falangola visitò la base di Betasom.

Aprile 1943. L'ammiraglio di squadra Antonio Legnani, che sostituì l'ammiraglio Falangola al Comandante della Squadra Sommergibili, decorato al Palazzo Marina (Roma) dall'ammiraglio di divisione Eberhard Weichold della Croce di Ferro di seconda classe. A sinistra l'ammiraglio di squadra Angelo Iachino.

Tuttavia, le considerazioni di Falangola avevano una loro importanza, poiché lo stesso Supermarina, esaminato lo Studio Critico presentato dall'ammiraglio, il 1° gennaio 1942 arrivò a fare, tra l'altro e naturalmente ad uso riservato interno, le seguenti considerazioni, espresse in un promemoria, e senza la firma del compilatore:[39]

*Ci si può domandare ad esempio, perché nella situazione in cui si trovava la Marina, con un servizio informativo **deficiente** [il neretto è dell'Autore] con un'attrezzatura scientifico-industriale inadeguata, con l'Aviazione impastoiata da questioni organiche, con una forza di personale mai sufficiente e sempre in crisi di addestramento, si è voluto creare una flotta di 120 sommergibili senza la possibilità di mantenere in guerra tale complesso se non accrescerlo. Soprattutto ci si può domandare perché è stata stabilita questa proporzione delle unità subacquee rispetto a quelle di superficie, quando le possibilità d'impiego in guerra risultano molto modeste.*

Secondo i sani principi si sarebbe dovuto verificare che gli organi dello Stato Maggiore preposti agli studi operativi formulassero le richieste del numero delle unità necessarie e dessero le direttive sulle caratteristiche indispensabili per tale naviglio. In realtà è successo invece che quegli organi si sono visti porre a disposizione un gran numero di sommergibili di caratteristiche antiquate con l'ordine di provvedere al loto impiego.

*L'organica cioè, nella preparazione dei sommergibili, come di tutta la Marina, è stata ritenuta la branca meno importante. Sotto l'appello della rapida evoluzione politica mondiale, è invalso l'uso di **agire invece di pensare, come se l'azione non fosse un frutto del pensiero** [sottolineato nel testo].*

È possibile, ma è soltanto una nostra ipotesi da accertare, che il Promemoria sia stato compilato dal Capo Reparto Operazione di Supermarina, ammiraglio Emilio Brenta, che proprio in quel periodo, lasciò l'incarico per un grave esaurimento determinato dall'allora sfavorevolissima situazione della guerra navale. È indubbio, come dimostrato dagli scritti e da alcune testimonianze di protagonisti, che in quel dicembre 1941 a Supermarina vi era un notevole nervosismo.

Il sacrificio della Marina italiana nel dare agli U-boote in Italia ogni agevolazione fu molto apprezzato negli ambienti tedeschi, e di ciò si fece partecipe il Grande ammiraglio Raeder che il 27 dicembre 1941 inviava all'ammiraglio Riccardi la seguente testimonianza di gratitudine e di stima:[40]

Onoratissimo Signor Ammiraglio,
mi è stato riferito che durante i preparativi per la sistemazione degli equipaggi e per la riparazione a La Spezia ed a Pola dei sommergibili tedeschi impiegati in Mediterraneo, la R. Marina Italiana ha soddisfatto nel modo più generoso tutti i desideri dei rappresentanti della Marina Germanica ed ha agevolato con particolare zelo tutte le misure necessarie.

---

[39] Francesco Mattesini, *Corrispondenza e Direttive tecnico operative di Supermarina – Scacchiere Mediterraneo"*, Volume II, tomo 2° (giugno 1941 – dicembre 1941), USMM, Roma, 2002, Documento n. 543, p. 1311-1313.

[40] AUSAMM, *Gabinetto del Ministero della Marina. Archivio Segreto.*

In tal modo intere caserme sono state in parte sgombrate dal personale dei sommergibili italiani a costo delle proprie restrizioni, trasformazioni e nuove installazioni sono state iniziate con la massima sollecitudine e, in parte, quasi terminate e gli operai necessari per le riparazioni sono stati approntati nel più breve tempo.

Mi affretto pertanto ad esprimervi, Eccellenza, la mia particolare gratitudine. Voglio anche pregarVi di esprimere i miei ringraziamenti a tutti i Comandi interessati.

Nella convinzione che il cameratismo d'armi nuovamente dimostrato in questa circostanza aiuterà ad avvicinarsi alla vittoria finale, colgo l'occasione del prossimo capo d'anno per esprimere a Voi e dalla Regia Marina Italiana i miei migliori auguri per un nuovo anno pieno di successi.

Con saluti camerateschi rimango con particolare stima il Vostro devotissimo
Raeder

Il grande successo del sommergibile U-331. L'affondamento della corazzata britannica BARHAM

In conseguenza della nuova ripartizione di sommergibili tedeschi nel Mediterraneo, ad iniziare dal 21 novembre otto U-boote si trasferirono da La Spezia nel Mediterraneo orientale, ove un importante successo venne subito conseguito dall'*U-331* del tenente di vascello Hans-Dietrich von Tiesenhausen.

Il 24 novembre 1941 il grosso della Mediterranean Fleet, con le tre corazzate *Queeen Elizabeth*, *Barham* e *Valiant* e gli otto cacciatorpediniere di scorta *Napier*, *Nizam*, *Griffin*, *Kipling*, *Hasty*, *Decoy*, *Jervis* e *Jackal*, salpò da Alessandria per appoggiare, nel Mediterraneo centrale, le operazioni offensive di due divisioni di incrociatori (Forze B e K) che erano state destinate ad intercettare alcuni convogli dell'Asse diretti in Libia; uno dei quali, costituito dai i piroscafi tedeschi *Maritza* e *Procida*, essendo stato scoperto dall'organizzazione crittografica britannica Ultra, fu raggiunto e affondato dai letali incrociatori *Auropa* e *Penelope* salpati da Malta.[41]

Il mattino dell'indomani, alle ore 09.00 del 25 novembre, la formazione navale partita da Alessandria fu avvistata a circa 60 miglia a nord est di Sollum dall'*U-331*, che in immersione aveva percepito con l'ecogoniometro la presenza delle navi da battaglia britanniche, per poi avvistare col periscopio le tre corazzate che procedevano in linea di fila.[42]

---

[41] Per l'episodio dell'affondamento dei due piroscafi tedeschi, che erano scortati da due torpediniere italiane, che inutilmente tentarono di difenderli, vedi nel sito Academia Edu il Saggio dell'Autore, *La distruzione del convoglio tedesco "Maritza" e l'affondamento della corazzata britannica "Barham" 24-25 Novembre 1941*.

[42] L'*U-331* aveva avuto l'incarico di sbarcare a Ras Geibeise, a est di Marsa Matruh, un gruppo di otto sabotatori del "*Lher Regiment Brandenburg*", che furono fatti prigionieri dalla sorveglianza britannica. Dopo aver invano atteso il loto ritorno , il comandante von Tiesenhausen si era portato in una zona di agguato assegnatagli verso Tobruk, dove alle 09.00 del 25 novembre avvistò la Mediterranean Fleet.

Le corazzate della Mediterranean Fleet, *Valiant*, *Queen Elizabeth* e *Barham*, mentre procedono in formazione di linea di fila.

Il tenente di vascello von Tiersenhausen, intervallando la navigazione in immersione a quella periscopica, nel pomeriggio raggiunse la posizione d'attacco. Inizialmente aveva deciso di attaccare la corazzata di testa, ossia la nave ammiraglia *Queen Elizabeth*; ma questa, con a bordo il Comandante in Capo della Mediterranean Fleet ammiraglio Andrew Browne Cunningham, passò velocemente davanti alla prora del suo sommergibile e perciò von Tiersenhausen ripiegò sulla nave che seguiva, ossia la *Barham*, che si trovava al centro della linea delle corazzate, seguita dalla *Valiant*, ma che von Tiesenhausen ritenne essere un incrociatore. La *Barham* attaccata dall'*U-331* dalla distanza di 1.200 yards con lancio di quattro siluri ad intervalli regolari fu raggiunta alle ore 16.25 da tre siluri sul fianco sinistro, mentre il quarto passò a poppa della corazzata. Il colpo fu mortale. La *Barham*, di 31.000 tonnellate, s'inclinò rapidamente sul fianco, e quando raggiunse un'inclinazione di 90°, il comandante, capitano di vascello Geoffrey Clement Cooke, ordinò l'evacuazione. Ma era troppo tardi. Per l'esplosione dei depositi delle munizioni da 381 mm., verificatasi tra il fumaiolo e la torre Y, e che creò un'altissima colonna di fumo, la *Barham* ruotando sul fianco sinistro, affondò dopo 4 minuti e 45 secondi dall'istante del siluramento, in lat. 32°34'N, long. 26°24'E., corrispondente a 55 miglia ad ovest di Sidi el Barrani, con la perdita di 862 uomini dell'equipaggio, incluso il comandante.

I superstiti della sfortunata corazzata, raccolti dai cacciatorpediniere *Nizam* e *Hotspur* (distaccati dalla 7ª Divisione incrociatori), furono 449; tra essi il vice ammiraglio Henry Daniel Pridham-Wippell, comandante in seconda della Mediterranean Fleet, recuperato dall'*Hotspur* (tenente di vascello Terence Desmond Herrick).

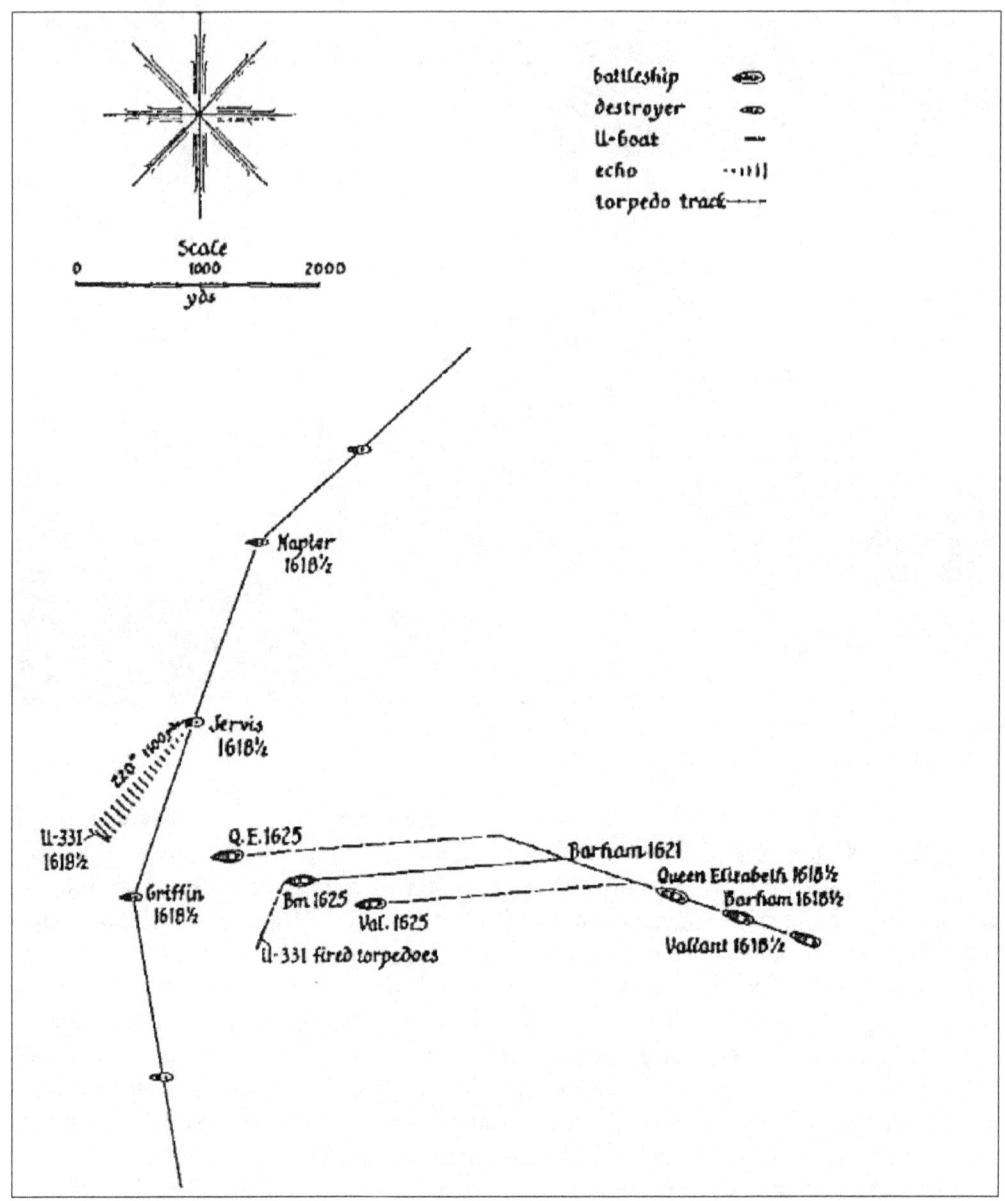

La manovra d'attacco del sommergibile tedesco *U-331*. Da Geoffrey P. Jones, *U-Boat Aces*.

Dopo l'attacco l'*U-331*, per il brusco alleggerimento causato dalla partenza della salva dei quattro siluri, venne in superficie vicino alla *Valiant*, talmente vicino che la corazzata non fu in grado di puntare i cannoni e sparare, per poi scendere dopo 45 secondi raggiungendo addirittura la profondità di 266 metri (873 piedi), mentre non avrebbe dovuto superare i 200 metri (656 piedi), senza riportare alcuna avaria. Nell'allontanarsi l'*U-331* manovrò cambiando frequentemente la rotta, tanto che le bombe di profondità, lanciate un ora dopo l'attacco dai cacciatorpediniere non impegnati a recuperare i naufraghi della *Barham*, esplodendo lontano non procurarono al sommergibile alcun danno.

Von Tiesenhausen, che riportò un successo inconsueto rispetto a quanti dichiarato al rientro alla base, ossia di aver colpito con un siluro un incrociatore, attribuì il ritardo delle unità nemiche nel lanciare le bombe profondità in primo luogo alla confusione generale causata dalla presenza di un notevole numero di navi, che aumentarono così la difficoltà di localizzarlo; in secondo luogo al fatto che si era immerso molto rapidamente; e in terzo luogo perché diversi cacciatorpediniere erano impegnati a salvare i sopravvissuti della *Barham*. Infine attribuì la sua buona fortuna a non essere stato attaccato dalla *Valiant* quando dopo il lancio dei siluro era venuto in superficie troppo vicino alla corazzata per potergli permettere di sparare.[43]

Alcuni anni più tardi von Thiesenhause riferì in un'intervista: "*Siamo felici di essere stati fortunati ad essere ancora vivi*".

La corazzata britannica *Barham* poco prima di essere colpita dai siluri dell'*U 331*.

---

[43] *Report on interrogation of survivors from U.331, 500-Ton U-Boat, sunk at about 1430 on 17 November, 1942.*

la *Barham* dopo essere stata silurata dall'*U 331* comincia ad inclinarsi sempre più rapidamente.

La *Barham* mentre sta affondando fortemente sbandata sul fianco sinistro.

La Barham affonda ruotando sul fianco destro, in preda ad un fortissimo incendio.

La terrificante esplosione della *Barham*.

L'enorme e vasta e alta colonna di fumo dopo l'esplosione della corazzata, mentre un cacciatorpediniere dirige nella zona per il salvataggio dei naufraghi.

Per la *Barham* si era trattato del secondo siluramento a opera dei sommergibili tedeschi, in quanto il 28 dicembre 1939 era stata colpita e gravemente danneggiata ad ovest delle Isole Ebridi da un siluro lanciato dall'*U 30* del tenente di vascello Fritz-Julio Lemp. Dopo lavori di riparazione a Birkenhead era rientrata in servizio il 30 giugno 1940, per poi essere trasferita alla Mediterranean Fleet ai primi di novembre del 1940.

La perdita della *Barham* era il secondo grandissimo successi, conseguito dopo l'affondamento della portaerei *Ark Royal* dai sommergibili tedeschi nello spazio di dodici giorni.[44]

L'affondamento della *Barham* fu conosciuto a Roma e a Berlino soltanto due mesi più tardi, perché il comandante del sommergibili *U-331* ritenne, erroneamente, di aver soltanto danneggiato una nave da battaglia o incrociatore. Quando poi fu appresa, da fonte radio britannica, la perdita della *Barham* annunciata nel gennaio 1942 dall'Ammiragliato britannico, il tenente di vascello von Tiesenhausen fu insignito con la Ritterkriez, la ambita Croce di Cavaliere dell'ordine della Croce di Ferro, mentre tutti i membri del suo equipaggio ricevettero decorazioni al valore. La cerimonia avvenne nella base della 23ª Flottiglia Sommergibili a Salamina, presente l'Ammiraglio dell'Egeo Erich Förste.

Il 2 aprile 1942, nel corso di una cerimonia alla Spezia per concedere decorazioni italiane ai sommergibilisti tedeschi, von Tiesenhausen ricevette dall'ammiraglio Aimone di Savoia Aosta, Comandante dell'Alto Tirreno, la Medaglia d'Argento al Valor Militare.

---

[44] Anche per conoscere i particolari dell'affondamento della corazzata *Barham* si rimanda al nostro saggio, in Academia Edu, *La distruzione del convoglio tedesco "Maritza" e l'affondamento della corazzata britannica "Barham" (24 – 25 Novembre 1941)*.

La stessa decorazione fu concessa nella medesima cerimonia all'affondatore della portaerei *Ark Royal*, tenente di vascello Helmut Rosembaum. Nell'occasione furono decorati e altri sommergibilisti tedeschi e italiani, tra cui il capitano di corvetta Julio Valerio Borghese, comandante del sommergibile *Sciré*, che come vedremo ricevette la Medaglia d'oro al Valor Militare.

Salamina, gennaio 1942. A bordo dell'*U-331* la consegna della croce di cavaliere (Ritterkreuz) al tenente di vascello barone von Thiesenhausen da parte del vice ammiraglio Erich Förste. È presente, a sinistra, il Comandante della 23ª Flottiglia tenente di vascello Fritz Frauenheim.

La stessa sorte della corazzata *Barham* fu riservata due giorni dopo allo sloop australiano *Parramatta*, di 1.060 tonnellate, che assieme al cacciatorpediniere *Avon Vale* era partito il 25 novembre da Alessandria scortando il piroscafo *Hanne*, diretto a Tobruk con un carico di munizioni. Verso le ore 01.00 del 27, trovandosi al largo di Bardia, la *Parramatta* (capitano di corvetta Jefferson Hirst Walker) fu raggiunta da uno dei tre siluri lanciati dal sommergibile tedesco *U-559* (tenente di vascello Hans Heidtmann). In seguito all'esplosione di un deposito munizioni, che si verificò venticinque minuti più tardi, lo sloop, sbandando rapidamente sul fianco, affondò in lat. 32°19'N, long. 24°34'E. Su un equipaggio di 162 uomini vi furono ben 139 morti, compreso il comandante della nave. I 23 superstiti della *Parramatta* furono raccolti dal cacciatorpediniere *Avon Vale* (capitano di corvetta Peter Alison Ross Withers), che poi proseguì per Tobruk, continuando a scortare il piroscafo *Hanne* fino a destinazione.

Lo sloop australiano *Parramatta* nel 1940.

Lo sloop australiano *Parramatta* il 19 giugno 1941 a Marsa Matruch.

L'*U 559* a Messina

La torretta del sommergibile tedesco *U 559* alla Spezia con il comandante, tenente di vascello Hans Heidtmann.

Un nuovo trasferimento di sommergibili tedeschi nel Mediterraneo

Le unità del terzo gruppo di sommergibili destinati al Mediterraneo lasciarono le basi atlantiche francesi del Golfo di Biscaglia a iniziare dalla terza decada di novembre, e tra il 6 e il 16 dicembre transitarono regolarmente per lo Stretto di Gibilterra nell'ordine le seguenti undici unità del tipo VII: *U-372, U-375, U-453, U-568, U-374, U-573, U-74, U-77, U-83, U-133, U-577.*

Non ebbero invece fortuna altri cinque sommergibili, due affondati in Atlantico e gli altri tre costretti per i danni riportati a rientrare alle basi di partenza. Infatti, l'*U-208* (tenente di vascello Alfred Schieper), fu affondato il giorno 7 dicembre ad ovest di Gibilterra, (lat. 35°51'N, 07°45'W) con i quarantacinque uomini dell'equipaggio, dalle bombe di profondità dei cacciatorpediniere *Harvester* (capitano di corvetta Mark Thonrton) e *Hesperus* (capitano di corvetta Arthur Andre Tait).[45]

La medesima sorte subì l'U- 451 (tenente di vascello Eberhard Hoffmann) il 21 dicembre a nord ovest di Tangeri (lat. 35°55'N, long. 06°08'W), per l'attacco con le bombe di profondità di un velivolo Swordfish dell'812° Squadron dell'FAA, che lo aveva scoperto con il radar, e illuminato con bengala. Dell'equipaggio di 45 uomini vi fu un solo superstite. L'*U-451* fu il primo sommergibile tedesco ad essere stato affondato da un aereo durante la notte.

Sempre per attacco degli Swordfish dell'812° Squadron (capitano di fregata G.A. Woods) di Gibilterra, che dalla metà di novembre disponevano del radar di scoperta ASV tipo II, furono attaccati, danneggiati e costretti al rientro, nelle notti tra il 16 e il 19 dicembre, i sommergibili *U-569* (sottotenente di vascello Hans-Peter Hinsch), *U-432* (tenente di vascello Heinz-Otto Schultze) e *U-202* (tenente di vascello Hans-Heinz Linder).

Occorre dire che durante la guerra gli Swordfish dell'Aviazione Navale britannica (Fleet Air Arm – FAA), famosissimi per i successi riportati come aerosiluranti, come quello dell'attacco a Taranto o contro la corazzata tedesca *Bismarck*, affondarono ben ventidue U-boote. E ciò a dimostrazione, se ve ne fosse bisogno, che equipaggi bene allenati e motivati riuscivano ad ottenere grandi successi anche con velivoli biplani sorpassati e molto lenti.

---

[45] Nel mio libro *La partecipazione tedesca alla guerra aeronavale nel Mediterraneo (1940-1945)*, p. 125, basandomi sui dati di Jurgen Rohwer, l'affondamento dell'*U-208* e stato assegnato, in data 11 dicembre, alla corvetta britannica *Bluebel* (capitano di corvetta Robert Evan Shgerwood). Invece, secondo le ricerche recenti, la Bluebel aveva attaccato l'*U-67* (capitano di corvetta Günther Müller-Stöckheim), un sommergibile di grande crociera tipo IX che non doveva entrare nel Mediterraneo, procurandogli gravi avarie, però furono riparate in tempo da farlo partecipare nel febbraio 1942 all'*Operazione "Westindien"*, l'attacco degli U-boote nei Caraibi e Antille. Cfr., Francesco Mattesini, in Academia Edu.

L'*U-451* mentre imbarca una mina. Fu il primo sommergibile tedesco ad essere affondato da un aereo durante la notte. Il successo fu conseguito da uno Swordfish di Gibilterra dell'812° Squadron.

L'*U-202* che danneggiato da attacco aereo non riuscì ad entrare nel Mediterraneo.

Sempre durante il transito dello Stretto di Gibilterra, alle 04.10 e alle 04.30 del 15 dicembre, l'*U-77* (capitano Heinrich Schonder) attaccò un piccolo convoglio scortato di quattro navi a 34 miglia per 310° da Capo Trafalgar. Il comandante vide in seguito una nave mercantili, ritenuta petroliera, colpita da un siluro ferma e in condizioni di affondamento, che si realizzò con la nave spezzatasi in due tronconi, in lat. 35°30'N,

6°17'W, a sud-ovest di Asilah (Marocco). Si trattava del piroscafo britannico *Empire Barracuda* (capitano Frederick Ridley), ex statunitense *Sacandaga* e ex britannico *Black Heron*, di 4.972 tsl, della Cunard White Star Ltd, Liverpool, requisito dal Ministero di Guerra britannico. Il piroscafo era partito da Gibilterra diretto a Suez via Città del Capo, trasportando 5.800 tonnellate di merci militari, comprese munizioni. Dei 52 uomini che aveva a bordo ne decedettero 10 dell'equipaggio e 3 cannonieri. Il comandante Ridley e altri 36 uomini dell'equipaggio e 2 artiglieri furono recuperati dalla corvetta britannica *Coltsfoot* (capitano di corvetta W.K. Rous) e sbarcati a Gibilterra.

Nel frattempo, si era venuta a creare una nuova situazione, come ha scritto nelle sue memorie l'ammiraglio Dönitz:[46]

Il trasferimento di sommergibili dall'Atlantico al Mediterraneo indebolì, naturalmente, in misura considerevole la condotta della guerra nell'Atlantico. Io la consideravo, tuttavia, inevitabile, perché bisognava eliminare la minaccia per l'Afrika Korps.

Saint Nazaire, sommergibili della 7ª Flottiglia. Da sinistra *U-77*, che affondò il piroscafo britannico *Empire Barracuda*, *U-71*, che danneggiato nel Golfo di Guascogna non riuscì a passare nel Mediterraneo, e *U-751*, che restò ad operare in Atlantico.

---

[46] Karl Dönitz, *Dieci anni e Venti giorni* (*Zehn Jahre und zwanzig Tage* - traduzione dal tedesco di Errico Maria Massa), Garzanti, Milano, 1960.

Salamina, 19 agosto 1942. La consegna della croce di cavaliere (Ritterkreuz) al tenente di vascello Heinrich Schonder (secondo da destra), comandante dell'*U-77*, che è tra il tenente di vascello Hans Heidtmann (Ritterkreuz il 12 marzo 1943), comandante dell'*U-559*, e (a destra) il tenente di vascello Werner Kraus (Ritterkreuz il 19 giugno 1942), comandante dell'*U-83*.

Il 22 novembre, però, il B.d.U. ricevette dalla SKL l'ordine di concentrare i suoi sommergibili nel Mediterraneo occidentale e ad ovest dello Stretto di Gibilterra, in seguito ad una segnalazione relativa all'imminenza di un presunto sbarco anglo-gollista nei territori dell'Africa Settentrionale francese, notizia che era giunta da Rona il giorno precedente tramite l'ufficio dell'ammiraglio Weichold.

Il 26 novembre l'ammiraglio Dönitz annotava nel suo Diario di Guerra che l'intenzione di uno sbarco britannico nelle zone di Orano e Algeri gli sembrava "*poco degno di credibilità*", anche perché la Forza H di Gibilterra, dopo la perdita della portaerei *Ark Royal* e il presunto siluramento della corazzata *Malaya* da parte dell'*U-202*, non disponeva che della piccola portaerei *Argus*, dalla quale non ci si poteva attendere importanti iniziative. E ciò perché al massimo poteva imbarcare una quindicina di aerei. Pertanto, convinto della convenienza di impiegare un certo numero di sommergibili nel Mediterraneo orientale per "*esercitare un'influenza decisiva sulla situazione terrestre*", l'ammiraglio Dönitz chiese alla SKL di far passare l'*U-95* (non ancora affondato) e l'*U-577* dal Mediterraneo occidentale a quello orientale, accettando, provvisoriamente, di sguarnire il primo settore. Questa proposta però fu rifiutata dalla SKL perché a Berlino si riteneva imminente il presunto sbarco britannico.[47]

---

[47] *Ibidem*. * Lo stesso 22 novembre il Comando della Marina Germanica in Italia portò a conoscenza di Supermarina che la zona delle operazioni degli U-boote dal giorno 26 sarebbe stata estesa fino al meridiano 20°10' per una fascia larga 60 miglia dalla costa, per essere poi estesa verso ponente fino al parallelo 31°30 nord. In definitiva i sommergibili tedeschi avrebbero operato lungo tutta la costa tra Alessandria e Bengasi. I sommergibili italiani, tranne eccezioni,

Per parare questa eventuale minaccia, con un'altra ordinanza del 27 novembre 1941, la SKL comunicava al B.d.U. che quindici sommergibili dovevano rimanere permanentemente in posizione sui due lati dello Stretto di Gibilterra e altri dieci nel Mediterraneo orientale. Pertanto, ha scritto l'ammiraglio Dönitz:[48]

Il continuo adempimento di questa esigenza comportava l'impiego di tanti sommergibili molto elevato e quindi in pratica dell'intera arma subacquea capace di combattere. In tal modo la condotta della guerra commerciale, nel teatro principale di operazioni nell'Atlantico, era terminata.

In netto contrasto con l'opinione dell'OKW, il B.d.U. dubitava che i britannici avrebbero sferrato un'offensiva dall'Egitto ricevendo rinforzi da occidente per lo Stretto di Gibilterra e il superamento del Canale di Sicilia transitando per l'intero Mediterraneo, e continuò a non ritenere attendibile la possibilità di uno sbarco del nemico nei territori del Nord Africa francese. Considerando pertanto dannoso l'impiego di un elevato numero di sommergibili nel Mediterraneo e soprattutto l'appostamento di gran parte delle unità subacquee ai due lati dello Stretto di Gibilterra, con una serie di lagnanze a voce e per iscritto, l'ammiraglio Dönitz tentò più volte di convincere l'OKM a restituirgli gli U-boote concentrati davanti a Gibilterra per poterli assegnare di nuovo alle operazioni di branco contro i convogli nemici in Atlantico.

A tale proposito, fin dal 28 novembre, aveva inviato un rapporto alla SKL, nel quale era scritto:[49]

Quando ho studiato la situazione attuale dei sommergibili in Mediterraneo e i progetti fatti per rinforzarli, ho constatato che la maggior parte dei comandanti e degli equipaggi meglio addestrati vi si trovavano o dovevano trovarvisi.

Per ciò che concerne il superamento dello Stretto di Gibilterra, ecco ciò che penso:

1. Esso è diventato più difficile dopo la distruzione dell'ARK ROYAL perché il numero dei pattugliamenti è stato accresciuto e d'altra parte la sorveglianza aerea è stata estesa verso ovest e verso est, specie di notte, il che aumenta considerevolmente il percorso da fare in immersione.

Con la luna piena, il passaggio, tanto in superficie che in immersione è diventato impossibile. Diciannove battelli sono passati (al 18 novembre), dei quali undici dopo la distruzione dell'ARK ROYAL. Tre sono andati perduti, tre danneggiati da bombe sono dovuti tornare indietro.

2. Passare lo Stretto da est verso ovest è ancora più difficile a causa delle correnti contrarie. Se si vorrà far tornare i sommergibili in Atlantico dopo la fine delle operazioni nel Mediterraneo, si dovrà provvedere un rafforzamento della sorveglianza a Gibilterra e quindi forti perdite.

---

mantenevano gli agguati a levante e ponente di Malta, in attesa, saltuariamente, di attaccare qualche periodico convoglio per e da La Valletta. Convogli che erano sempre fortemente scortati da cacciatorpediniere.

[48] *Ibidem.*

[49] Karl Alman, *Les loups gris dans la mer bleue. Les sous-marins alemands en Méditerranée*, Pres de la Cote, p. 50-51.

3. Per il momento non è indispensabile impegnare altri sommergibili in Mediterraneo, ma bisogna temere che essi si trovino presi in una trappola e quindi perduti per la battaglia dell'Atlantico. Di conseguenza è necessario attendere lo sviluppo degli avvenimenti per rispondere a questo quesito.

L'OKM tenne conto soltanto con molte esitazioni delle obiezioni formulate dal B.d.U. contro l'impiego dei sommergibili nel Mediterraneo e intorno a Gibilterra; infatti il concentramento ordinato in quest'ultima zona fu confermato anche dopo l'8 dicembre (il 7 negli Stati Uniti), quando, attaccando gli americani a Pearl Harbour e nelle Filippine, il Giappone costringeva la Gran Bretagna ad inviare in Estremo Oriente notevoli aliquote delle sue forze aeree, terrestri e navali. Sebbene a questo punto uno sbarco in Marocco e Algeria fosse divenuto assolutamente inverosimile, il Grande ammiraglio Raeder, come riferì a Hitler nel rapporto del 12 dicembre, prevedeva di dislocare nel Mediterraneo (dove vi erano al momento o in trasferimento 36 sommergibili) un totale di *"cinquanta sommergibili, dei quali venti da trattenere per le operazioni nel bacino orientale e trenta in quella occidentale e di Gibilterra.*[50]

Occorre dire che gli U-boote inviati nel Mediterraneo appartenevano alla classe media VII, il cui dislocamento era di circa 750 tonnellate in emersione. L'SKL, nella frenesia di rinforzare ancora il numero dei sommergibili nel Mediterraneo, avrebbe voluto inviarvi anche i sommergibili oceanici di grande crociera tipo IX, di circa 1.100 tonnellate in emersione, ma il B.d.U. si oppose ritenendoli, a ragione, non adatti ad operare in quel mare interno, essendo più facili ad essere scoperti rispetto alle unità del tipo VII. Inoltre il tipo IX era più complicato e più vulnerabile alle bombe di profondità, mentre la loro principale qualità operativa, la grande autonomia, non costituiva alcun vantaggio nel Mediterraneo, dove invece il tipo VII poteva sfruttare le sue caratteristiche di dimensioni relativamente ridotte, dell'ottima manovrabilità e dalla buona rapidità di immersione.

---

[50] Francesco Mattesini, *Corrispondenza e Direttive tecnico operative di Supermarina – Scacchiere Mediterraneo"*, Volume II, tomo 2° (giugno 1941 – dicembre 1941), USMM, Roma, 2002, Documento n. 537, p. 1284-1285. * Con questi trasferimenti di sommergibili nel Mediterraneo al B.d.U. restavano disponibili per le operazioni in Atlantico 36 sommergibili, 3 dei quali in Norvegia.

L'*U-123* del tipo IX, il primo sommergibile tedesco che alla metà di gennaio 1942 raggiunse le acque degli Stati Uniti, operando con grande successo presso New York.

Questo bel tipo di sommergibile, dallo scafo particolarmente affilato ed elegante, però alquanto scomodo per gli ambienti particolarmente ridotti, aveva cinque tubi lanciasiluri da 533 mm, quattro a prora e uno a poppa, portava all'interno dello scafo quattordici siluri, e aveva una velocità di 17 nodi. Ma forse la migliore qualità negli attacchi del sommergibile risiedeva nella sua utilissima centralina di lancio, che permetteva al comandante di colpire un bersaglio navale con molta più precisione di quella del calcolo mentale, poiché forniva gli angoli di lancio e la precisa distanza dall'obiettivo. Uno strumento, (in possesso anche ai sommergibili britannici) che gli italiani non possedevano, pur avendolo in studio ma senza raggiungere buoni risultati, e che furono forniti dai tedeschi nel corso della guerra, assieme ai siluri elettrici G7 e all'ecogoniometro, per sostituire i vecchi sonar.

Allo scuro delle intensioni del Capo della Kriegsmarine e sempre più preoccupato per l'ammassamento degli U-boote intorno a Gibilterra, in una zona di scarso traffico (se si escludevano i convogli HG e GH, con navi salpate dalla Gran Bretagna e da Gibilterra e destinate a proseguire isolate o con debole scorta per altre destinazioni), l'ammiraglio Dönitz fece ancora un tentativo il 31 dicembre per convincere Berlino ad abbandonare quel settore di guerra. Egli inviò infatti una lettera alla SKL nella quale specificava:[51]

Le mie opinioni su ulteriori operazioni nel Mediterraneo e sulla distribuzione degli U-boote disponibili sono state inoltrate al Comando della Marina nella lettera Gkdos, Secreto 783, come segue:

---

[51] Kriegstagebücher (KTB) - F.d.U./B.d.U.'S War Log 15 - 31 December 1941 - PG30301B; Karl Alman, *Les loups gris dans la mer bleue. Les sous-marins alemands en Méditerranée*, cit., p. 63-65.

1) Nella lettera della Direzione della Guerra Marittima [SKL] Segreto 2024 le vostre intensioni prescrivono d'impegnare simultaneamente dieci U-boote nel Mediterraneo orientale e quindici sia ad est quanto ad ovest dello Stretto di Gibilterra. Ciò richiede l'impiego di trentaquattro battelli nel Mediterraneo.

2. Attualmente ve ne sono ventitré. Occorre quindi inviarne ancora und, cifra superiore a quella che io avevo indicato con la mia nota 763, a causa delle perdite che si sono verificate nell'intervallo.

3. Fino ad oggi il passaggio dello Stretto è stato impedito in molti casi. Su ventiquattro sommergibili inviasti dopo la distruzione dell'ARK ROYAL, quattro sono stati affondati nello stretto, quattro, danneggiati da bombe, hanno dovuto invertire la rotta, sedici soltanto sono potuti entrare nel Mediterraneo.
Per farne pervenire altri undici, occorre spedirne diciassette, dovendo prevedere che cinque o sei saranno affondati o danneggiati nel passaggio dello stretto-.

4. Ugualmente per avere i sette battelli prescritti ad ovest di Gibilterra, occorre ingaggiarne dieci a causa delle perdite attendere in questo settore assai sorvegliato il periodo di luna nuova.

5. Conviene quindi esaminare se il valore militare di impegnarsi nel Mediterraneo e nella zona di Gibilterra giustifichi un numero così elevato di perdite rispetto ai prevedibili successi:
a) Nel Mediterraneo orientale l'azione dei sommergibili ha esercitato un influenza favorevole per le operazioni in Africa. Se riusciremo ad affondare ancora una grande nave nemica la sicurezza dei nostri trasporti migliorerà assai sensibilmente. Il nemico non ha reagito, fino a questo momento, che in modo assai debole ed egli mantiene un traffico importante. Impegnare dei sommergibili nel Mediterraneo orientale è dunque corretto. Essi hanno ottenuto dei successi e le perdite sono risultate deboli;
b) Sulle due coste di Gibilterra la reazione è molto forte. Gli aerei volano di notte, anche nel periodo di luna nuova. Il traffico nemico verso est è risultato fino a tutt'oggi assai ridotto. Se dei trasporti militari od altri dovessero attraversare lo stretto, come suppone la SKL, e contro i quali essa chiede di impegnare i sommergibili, la difesa verrà considerevolmente rinforzata. Ottenere dei successi diverrà molto difficile e le perdite saranno inevitabilmente forti.

6. Impegnare simultaneamente quindici sommergibili nella zona di Gibilterra non è poi economico. Come io ho già esposto nella mia nota 736, stimo che due o tre battelli a ovest e altrettanti ad est, con delle puntate occasionali nello stretto, saranno sufficienti. Io formulo quindi le proposte seguenti:

7. a) Inviare ancora due o tre sommergibili in Mediterraneo, poi arrestare queste spedizioni. Io non prevedo inoltre il ritorno di questi battelli nell'Atlantico, almeno per un lungo tempo.
b) Impegnare tre sommergibili ad ovest di Gibilterra.

8. Questo presupposto favorirà la ripresa delle operazioni nell'Atlantico. Per la stessa ragione, io chiedo che i battelli non siano poi lasciati rigidamente nella zona di Gibilterra, la quale rende il loro impiego non economico, e quindi non inviarne più altri in Mediterraneo senza necessità assoluta, perché sottrarrebbero i migliori comandanti ed equipaggi della battaglia dell'Atlantico.

9. Io vi domando una decisione rapida affinché si possa disporre in conseguenza dei sommergibili che diverranno al momento utilizzabili.

Dopo questo approfondito rapporto del B.d.U. l'organo operativo dell'Alto Comando Navale si rese conto che le unità subacquee destinate al Mediterraneo e quelle concentrate ad occidente di Gibilterra potevano essere impiegate, con più profitto, lungo le coste dell'America settentrionale e centrale, da Terranova alle Antille e Caraibi. Pertanto, la SKL, accettando quanto proposto dall'ammiraglio Dönitz, il 2 gennaio 1942 decise di ridurre a sei il numero dei sommergibili da mantenere in permanenza ai due lati dello Stretto di Gibilterra e cancellò il trasferimento di una grossa quantità di unità subacquee nel Mediterraneo.

Quest'ultima decisione fu portata a conoscenza di Supermarina l'11 gennaio e giustificata in base allo sviluppo della situazione strategica nell'Atlantico e alle scarse possibilità di raddobbo degli arsenali italiani. Infatti, a causa delle esigenze della Marina italiana le possibilità di carenaggio simultanee per i sommergibili tedeschi erano di sette unità a La Spezia, due a Pola e cinque a Salamina. In tali condizioni la SKL si convinse che l'aumentare ancora il numero dei sommergibili nelle basi del Mediterraneo avrebbe portato a lunghi periodi di immobilizzazione in attesa di turni di lavori e per conseguenza ad una cattiva utilizzazione delle unità subacquee.

Sulla base di questa realtà, la SKL comunicava a Supermarina di aver stabilito che il numero massimo dei sommergibili da trattenere nel Mediterraneo sarebbe stato provvisoriamente di ventitré, otto dei quali dovevano trovarsi contemporaneamente nelle zone di operazione ed altri quindici ai lavori nei cantieri.[52]

Ciononostante, in seguito alla perdita di tre sommergibili verificatasi, come vedremo, nella seconda metà di dicembre 1941, a fine anno il numero degli U-boote disponibili era sceso a ventuno e diminuì ancora all'inizio di gennaio 1942 in quanto l'arrivo dai porti francesi atlantici, per rimpiazzo, dell'*U-561* e dell'*U-73*, che poterono superare lo Stretto di Gibilterra, mentre l'*U-573* non vi riuscì, coincise, come vedremo, con l'affondamento di altri tre battelli.

La disponibilità di sommergibili tedeschi nel Mediterraneo andò ancora scemando nei successivi mesi del 1942, in quanto i nuovi rinforzi cominciarono ad arrivare soltanto a partire dalla fine di ottobre, quando le ipotesi di uno sbarco degli anglo-americani nei territori dell'Africa Settentrionale francese (operazione "Torch") apparivano fondate.[53]

---

[52] Francesco Mattesini, *Corrispondenza e Direttive tecnico operative di Supermarina – Scacchiere Mediterraneo*", Volume II, tomo 2° (giugno 1941 – dicembre 1941), USMM, Roma, 2002, Documento n. 541, p. 1289-1290.

[53] Francesco Mattesini, *I Sommergibili dell'Asse nell'Operazione Torch*, nei siti Collana Sismi e Academia Edu.

La dipendenza operativa dei sommergibili tedeschi e la loro attività bellica alla fine del 1941.

L'Alto Comando della Kriegsmarine, in considerazione del fatto che i comandanti e gli equipaggi dei suoi sommergibili possedevano addestramento, esperienze e tattiche di combattimento che nessun'altra Marina al mondo poteva vantare, dopo essersi rassegnato a malincuore ad indebolire la guerra sottomarina nell'Atlantico, intendeva impiegare le sue unità subacquee nel Mediterraneo con la massima efficacia. Per raggiungere questo obiettivo, l'OKM e la SKL avrebbero voluto che i sommergibili dislocati nei porti italiani operassero sotto il comando tedesco, il solo che conosceva la particolarità della loro tattica.

Ma, poiché a Roma vi era il desiderio, per principio, di mettere tutte le forze navali tedesche in Italia ad operare sotto la direzione dell'alto comando della Regia Marina, in contrapposizione a quanto avveniva nel Mare Egeo in cui tutte le forze esistenti in quel settore erano sotto controllo operativo tedesco (con eccezione del Dodecaneso), si venne a creare una divergenza di opinione tra i due alleati.

Inizialmente la SKL aveva pensato di dirigere da (Lorient), nella Francia occidentale, dove a Kerneval vi era il Comando del B.d.U, i sommergibili operanti ad oriente di Gibilterra e di farli rientrare a La Spezia solo per riparazioni occasionali. Tale situazione però non apparve soddisfacente dal lato militare, poiché avrebbe reso necessaria la suddivisione dei compiti con la Regia Marina e quindi una limitazione operativa degli U-boote tedeschi nel Mediterraneo occidentale per lasciare ai sommergibili italiani libertà di movimento nel Mediterraneo centrale.

Pertanto, dal presupposto che una condotta operativa separata dei sommergibili italiani e tedeschi in zone distinte *"non avrebbe dato luogo al massimo rendimento ottenuto contro il comune nemico"*, le premesse per un più collaborativo impiego delle rispettive unità subacquee furono discusse da un piccolo gruppo di lavoro di ufficiali delle due Marine, con a capo il contrammiraglio Carlo Pinna e il vice ammiraglio Weichold. Questo gruppo di lavoro arrivò alla conclusione di affidare l'esecuzione dei piani d'impiego operativi ad uno Stato Maggiore misto delle due Marine, che poi in stretto accordo, avrebbero fatto diramare gli ordini operativi dai Comandi italiano e tedesco alle dipendenze di Supermarina: ossia, da Maricosom, il Comando in Capo della Squadra Sommergibili, comandato dell'ammiraglio Mario Falangola, e dal Comando della Marina germanica in Italia, e quindi lo stesso ammiraglio Weichold. I due comandi avrebbero pertanto impiegato i loro sommergibili *"in relazione alle diverse particolari caratteristiche e a seconda delle condizioni del luogo e della situazione in atto della guerra marittima"*.[54]

Il 28 novembre il capitano di corvetta Victor Oehrn, già comandante dell'*U-37*, assunse a Roma, nel Palazzo Marina, il Comando interinale degli U-boote dislocati in Mediterraneo, con la qualifica di F.d.U. (Führer der Unterseeboote) Italien.[55] Il fatto che

---

[54] Francesco Mattesini, *Corrispondenza e Direttive tecnico operative di Supermarina – Scacchiere Mediterraneo"*, Volume II, tomo 2° (giugno 1941 – dicembre 1941), USMM, Roma, 2002.

[55] Dal 19 maggio al 13 ottobre del 1940, nel corso di quattro missioni con soltanto novantuno giorni di mare, il capitano di corvetta Victor Oehrn Victor Oehrn aveva conseguito con

l'ufficiale tedesco, che aveva anche l'incarico di Capo di Stato Maggiore dell'ammiraglio Weichold, fosse a diretto contatto con i comandi della Marina germanica in Italia, di Supermarina e di Maricosom era un vantaggio, mentre invece uno svantaggio lo diventava dal punto di vista della lontananza dei suoi sommergibili perché, per raggiungere la base di Salamina, Oehrn era costretto a andarvi in volo con un aereo della linea civile "A la Littoria". Una stazione radio per i collegamenti fu impiantata in una zona isolata della campagna romana ad una decina di chilometri a nord della capitale italiana. [56]

L'*U-37* del comandante Victor Oehrn al rientro da una fruttifera missione.

---

l'U-37 l'eccezionale affondamento di 24 navi per 104.785 tonnellate e danneggiandone un altra di 9.494 tonnellate, meritandosi la Croce di Ferro di 1ª e 2ª classe e la Croce di Cavaliere (Ritterkreuz).

[56] Karl Alman, *Les loups gris dans la mer bleue. Les sous-marins alemands en Méditerranée*, cit., p. 19.

Il capitano di corvetta Victor Oehrn F.d.U. Italien.

Il capitano di corvetta Oehrn tenne l'incarico di F.d.U. Italien fino al 9 febbraio 1942, quando fu sostituito dal capitano di vascello Leo Karl Kreisch, specialista in siluri e già comandante dell'incrociatore pesante *Lutzow*. Nel frattempo, i sommergibili con base a La Spezia erano stati inquadrati nella 29ª Flottiglia, costituita agli ordini del capitano di corvetta Franz Becker.

Il capitano di vascello Leo Karl Kreisch che il 9 febbraio 1942 sostituì il capitano di corvetta Victor Oehrn nell'incarico di F.d.U. Italien.

Il capitano di fregata Frans Becker nel giugno 1941 quando era ufficiale di collegamento del B.d.U. a Betasom. Presente l'ammiraglio Parona, si congratula con il tenente di vascello Longanesi per i successi conseguiti nella missione con il sommergibile *Benedetto Brin* in cui aveva affondato ad est delle Isole Azzorre due navi mercantili del convoglio SL.76. Nel novembre 1941 fu nominato Comandante della nuova 29ª Flottiglia Sommergibili tedeschi, costituitasi alla Spezia.

Alla fine di novembre 1941, la ripartizione degli U-boote nelle due squadriglie del Mediterraneo, 23ª e 29ª, era la seguente:[57]

Sette nel bacino orientale: *U-81, U-205, U-331, U-559, U-565, U-431, U-79*.

Quattro nel bacino orientale: *U-95* (affondato il 28 novembre), *U-562, U-557, U-652*, e altri tre in attesa di trasferimento, ma che non riuscirono a passare dall'Atlantico nel Mediterraneo: *U-90, U-96, U-558*.

Cinque sommergibili del Gruppo "Steuben" si trovavano a ovest di Gibilterra, e dovevano entrare nel Mediterraneo dopo aver operato contro un convoglio: *U-332, U-375, U-372, U-453, U-67*:

Altri tre sommergibili erano partiti il 29 novembre dalle basi francesi, diretti nel Mediterraneo: *U-206, U-71, U-563*.

Infine, sulla proposta dell'ammiraglio Dönitz accettata dalla SKL, i sommergibili *U-95* e *U-577* ricevettero l'ordine di passare dal Mediterraneo occidentale a quello orientale, in modo di poter mantenere dieci sommergibili nel bacino orientale e quindici in quello occidentale, mentre altri quindici sommergibili, sotto la direzione del B.d.U., dovevano operare in Atlantico a occidente dello Stretto di Gibilterra.

Il B.d.U. contava di rinforzare il Mediterraneo orientale con *U-206, U-71* e *U.563*, mentre altri cinque sommergibili del Gruppo Sterben, che operavano nella regione delle Isole Azzorre contro un convoglio, dovevano ugualmente portarsi nel settore di Gibilterra.

Durante la navigazione di trasferimento dai porti francesi di Lorient, Brest, Saint Nazaire, e prima di raggiungere La Spezia, gli ultimi sommergibili tedeschi erano stati trattenuti per qualche giorno nella zona di agguato a levante di Gibilterra, dove poterono cogliere alcuni successi.

Alle 01.19 del 2 dicembre l'*U-562* (tenente di vascello Horst Hamm) silurò e affondò a 2 miglia a nord di Capo Negro il piroscafo da carico britannico *Grelhead* (capitano Charles John Pirie), ex *Beachy Head* di 4.274 tsl, che con un carico di 6.900 tonnellate di minerali si recava isolato da Melilla a Gibilterra. Morirono 41 uomini dell'equipaggio, compreso il comandante Pirie e 6 cannonieri, mentre i 2 unici superstiti furono recuperati e sbarcati a Tangeri.[58]

---

[57] *Ibidem*, p. 46-47.
[58] Alan J. Tennent, *British and Commonwealth Merchant Ship Losses to Axis Submariners 1939-1945*, cit., p. 45.

Il piroscafo britannico *Grelhead* che il 2 dicembre 1941 fu affondato dall'*U-562* a levante di Gibilterra.

Lo stesso 2 dicembre, alle 20.33, l'*U-557* (tenente di vascello Ottokar Paulshen) affondò nei pressi di Punta Estepona il piroscafo norvegese *Fjord* (capitano Halfdan Tønder), di 4.032 tsl, colpendolo con uno dei due siluri G7e lanciati dal sommergibile, dopo un avvicinamento all'obiettivo iniziato alle 18.25. Decedettero il comandante e 13 membri dell'equipaggio del *Fjord*, che partito da Aguilas era diretto a Barrow, via Gibilterra, con un carico di minerali di ferro. Altri 20 uomini dell'equipaggio, guidati dal secondo ufficiale Borgar Knutsen, raggiunsero la vicina terra della Spagna, a 9 km a sud-est di Estepona, con due imbarcazioni di salvataggio.

Il 9 dicembre, l'*U-652* (tenente di vascello Georg-Werner Fraatz), trovandosi a sud delle Isole Baleari, attaccò, il piroscafo francese *Saint Denis*, di 1.595 tsl, in navigazione da Algeri a Marsiglia. E poiché all'avvicinarsi dell'*U-562* il *Saint Denis* dando la sua posizione trasmise di essere attaccata da un sommergibile, ritenendo l'atto ostile il comandante Fraatz l'affondò con due siluri, lanciati il primo alle 14.01 e il secondo alle 14.10, a 60 miglia a sud di Maiorca. Vi furono 3 morti tra l'equipaggio del *Saint Denis*, che prima dell'affondamento aveva abbandonato il piroscafo dopo che era stato colpito dal primo siluro.

Alle 14.39 (ora di Berlino) dell'11 dicembre trovandosi nel Tirreno ad ovest dell'Isola Ustica con rotta per La Spezia, l'*U-652* fu attaccato, dal sommergibile olandese *O-24* (capitano di corvetta O. de Booy) che, in lat. 38°42N, 12°51'E, lanciò una salva di tre siluri che però fallirono il bersaglio. Dalla torretta dell'*U-652* era stato avvistato in periscopio, e di conseguenza il comandante dell'U-boote, tenente di vascello Georg-Werner Fraatz, aveva manovrato in modo da evitare i siluri, due dei quali furono avvistati in arrivo.

Il piroscafo francese *Saint Denis* affondato dall'*U-652*.

Il sommergibile tedesco *U-652* in partenza dalla base di Salamina per missione di guerra il 18 marzo 1942.

Il sommergibile olandese *O-24* che fu attaccato senza successo dall'*U-652*.

Lo stesso giorno 11 dicembre l'*U-374* (tenente di vascello Unno von Fischel), salpato da Brest, ottenne un duplice successo colando a picco con siluramento due piccole navi pattuglie antisommergibili adibite alla sorveglianza dello Stretto di Gibilterra. Il sommergibile attaccò per primo il trawler *Lady Shirley* capitano di corvetta Arthur Henry Callaway), di 447 tsl, che colpito alle 04.21 da un siluro esplose affondando rapidamente, con i 32 uomini dell'equipaggio, a 5 miglia a sud di Punta Carnero.

Fu poi la volta dello yacht *Rosabelle* (tenente di vascello Hercules S. Findlay), di 515 tsl, che colpito anch'essa da un siluro alle 04.42, affondò in 30 secondi, a 10 miglia a sud ovest di Gibilterra, in lat. 35°59'N, long. 05°17'W. Con la nave si persero il comandante, 2 ufficiali e 27 marinai. I superstiti, in parte feriti, recuperati dallo yacht *Sayonara* (capitano di corvetta H.G. Gorton) e portati a Gibilterra, furono 12, compresi 3 ufficiali.

L'*U-374* che la notte dell'11 novembre 1941 silurò e affondò nello Stretto di Gibilterra due unità pattuglia britanniche, il trawler *Lady Shirley* e lo yacht *Rosabelle*.

Il trawler britannico *Lady Shirley*.

Tre ufficiali del trawler *Lady Shirley*. Al centro il comandante, capitano di corvetta Arthur Henry Collaway, tutti deceduti nell'affondamento repentino della loro nave.

Lo yacht *Rosabelle* quando prestava servizio civile.

Alle 16.44 del 13 dicembre l'*U-453* (tenente di vascello Egon Reiner Freiherr von Schlippenbach) trovandosi a sud di Almeria avvistò al periscopio la neutrale motocisterna spagnola *Badalona* (ex *Arnùs*), di 4.202 tsl, e per controllarne la regolarità venne in superficie. Ma all'ordine la *Badalona* non si fermò e cominciò a trasmettere con la radio costringendo il comandante Schlippenbach a spargli a prora un colpo di cannone. Arrestatasi quella nave e controllati i documenti, considerando che non si era fermata all'ordine fu ordinato all'equipaggio di abbandonarla con le scialuppe di salvataggio. Dopo di che alle 18.05 la cisterna fu colpita con un siluro. Ma poiché non accennava ad affondare, sebbene fosse abbassata a poppa, alle 18.20 l'*U-453* le dette il colpo di grazia con un secondo siluro. La *Badalona*, che era partita da Valencia in zavorra per fare il carico di carburante ad Aruba (Venezuela), affondò spezzatasi in due tronconi. Vi furono tre morti tra l'equipaggio.

Il tenente di vascello Egon Reiner Freiherr von Schlippenbach, comandante dell'*U-453*.

La motocisterna *Badalona*, ex ***Arnùs***, affondata dall'*U-453*.

L'*U-453* al rientro da una missione con cinque bandierine dei successi conseguiti.

Naturalmente ci furono proteste da parte del Governo spagnolo, acuite dal fatto che un'altra nave spagnola, il piroscafo *Castillo Oropesa*, di 6.600 tsl, era stata affondata l'8 novembre presso Melilla dal sommergibile italiano *Dandolo*, comandato dal tenente di vascello Walter Auconi.

Il piroscafo greco *Ekaterini Nicolaou*, poi dal 1938 spagnolo, e quindi neutrale, *Castillo Oropesa* affondato dal sommergibile oceanico italiano *Enrico Dandolo*. Assieme al siluramento e danneggiamento della petroliera militare francese *Le Tarn*, sempre ad opera del *Dandolo* nella medesima missione, fu l'unico discutibile successo di affondamento conseguito dai sommergibili italiani nel periodo di questa nostra storia.

Il 21 dicembre, l'*U-573* (tenente di vascello Heinrich Heisohn), che nella notte del 20 aveva superato lo Stretto di Gibilterra, attaccò a 4 miglia da Capo Negro (lat. 35°36'N, long. 05°08'E), e quindi ancora in acque neutrali, il piroscafo norvegese *Hellen* (capitano Brinck Olsen), di 5.289 tsl, che partito quello stesso giorno da Gibilterra dirigeva in zavorra isolato a Melilla, nel Marocco spagnolo per imbarcare un carico di minerali di ferro. Era scortato dal trawler armato britannico *Maida*. Colpito sul fianco sinistro, nelle stive 1ª e 2ª, da due siluri G7a, che erano stati avvistati alle 23.10 dal terzo ufficiale ma non in tempo per essere evitati, la *Hellen* affondò con la prora in alto verso le ore 01.00 del 22 dicembre, mentre i 41 uomini dell'equipaggio, che avevano preso posto su due imbarcazioni di salvataggio, furono raccolti 45 minuti dopo dal *Maida* e nella stessa giornata del 22 sbarcati a Gibilterra, dove furono presi in cura dal Console reale norvegese. L'*U-573* proseguì la navigazione per Messina, per poi partire per Pola due giorni dopo, venendo aggregato alla 29ª Flottiglia Sommergibili.

L'*Hellen* fu l'ultima nave ad essere affondata nella zona di Gibilterra nel 1941, dopo di ché l'attenzione dei sommergibili tedeschi fu rivolta al Mediterraneo orientale. Fu anche l'ultimo successo conseguito dall'*U-573*, che il 1° maggio 1942 fu danneggiato a nord-ovest di Capo Ténès da un velivolo Hudson del 233° Squadron della RAF. Il sommergibile era stato costretto ad entrare nel porto di Cartagena, dove non fu possibile ripararlo in tempo per evitargli l'internamento, che avvenne tre mesi più tardi. Infine, il 2 agosto 1942 gli spagnoli lo acquistarono dalla Germania per un milione e mezzo di marchi, dandogli il nome prima di *S-01* e poi *G-7*. Restò in servizio fino al maggio 1970, e praticamente fu l'unico dei 68 sommergibili tedeschi che operarono nel Mediterraneo, ad evitare la distruzione.

Il piroscafo norvegese *Hellen* che nella notte tra il 21 e il 22 dicembre fu affondato dall'*U-573*.

Il sommergibile tedesco *U-573* poi spagnolo *G-7*.

Il sommergibile spagnolo *G-7*, ex *U-573*.

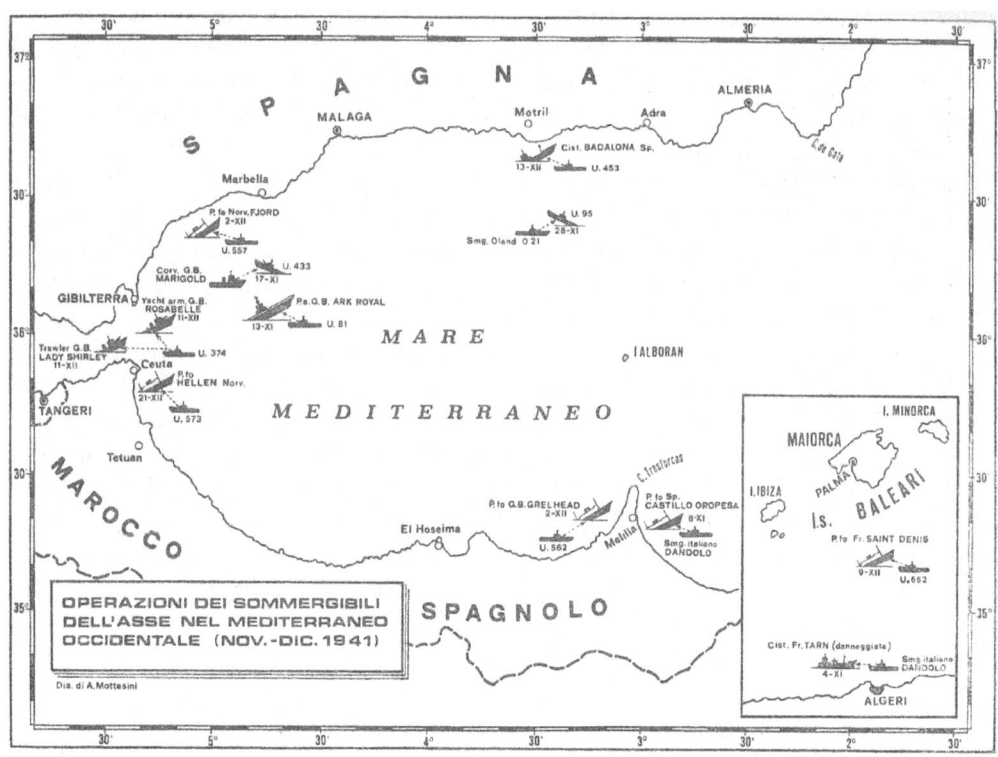

L'attività degli U-boot della 23ª e della 29ª Flottiglia nel Mediterraneo orientale nel dicembre 1941.

Alla metà di dicembre si trovavano dislocati nel Mediterraneo 24 U-boote, dei quali 12 operavano nel bacino orientale, insidiando con buoni risultati il tratto di mare tra Alessandria e Tobruk, da dove partivano e arrivavano i rifornimenti destinati al fronte terrestre.[59]

Il 5 dicembre l'*U 81* attacco alle ore 22.31 e successivamente alle 23.53 il convoglio TA.1, partito da Alessandria per Tobruk, e che comprendeva la nave scorta convogli *Chakdina*, ex piroscafo passeggeri, e il piroscafo *Kirkland*, e tre unità di scorta. i cacciatorpediniere *Farndale* e *Eridge* e il whaler antisom *Thorgrim*. Il comandante del sommergibile, l'affondatore della portaerei *Ark Royal* tenente di vascello Friedrich Guggenberger, segnalò erroneamente di aver colpito due navi, una petroliera da 3.000 tsl e un cacciatorpediniere. Con successivo attacco delle ore 02.52 dell'indomani Guggenberger sostenne, con uguale ottimismo, di aver colpito anche un piroscafo di 4.000 tonnellate. È da scartare la convinzione che ad affondare il 5 dicembre la *Chakdina* (capitano di fregata Walter Releigh Hickei), di 3.033 tsl, sia stato il sommergibile tedesco, poiché tale successo, come da noi a suo tempo scoperto, era da assegnare ad un aerosilurante italiano.

Infatti, il convoglio TA.1, il primo di una nuova ad essere inviato da Tobruk ad Alessandria nel momento in cui la piazzaforte veniva liberata dall'assedio dell'Asse dall'8ª Armata britannica, fu attaccato la sera del 5 dicembre 1941 al largo di Marsa Luch da tre aerosiluranti italiani S.79, due dei quali appartenenti alla 279ª Squadriglia e uno alla 284ª Squadriglia. Dopo aver evitato il siluro lanciato dal velivolo del capitano pilota Massimiliano Erasi, comandante della 284ª Squadriglia, la *Chakdina* fu colpita, alle ore 21.35 (e quindi precedentemente al primo attacco dell'*U-81*), dal siluro lanciato dall'*S.79* del tenente pilota Guglielmo Ranieri, e affondò nello spazio di tre minuti e mezzo, in un forte moto ondoso, in lat. 32°11'N, long. 24°30'E., corrispondente a 30 miglia a est-nordest di Tobruk.

La *Chakdina* trasportava 600 uomini. Tra essi 380 soldati britannici feriti, di cui 97 neozelandesi e 17 australiani, accompagnati da personale medico. Imbarcava inoltre 100 prigionieri di guerra, in gran parte italiani, due terzi dei quali, con il generale tedesco Johann Theodor von Ravenstein – comandante della 21ª Divisione corazzata dell'Afrika Korps catturato il 29 novembre a Forte Capuzzo – furono salvati dal cacciatorpediniere *Farndale* e dal trawler *Thorgrim*, e portati ad Alessandria il 7 dicembre, per poi essere trasferiti negli ospedali della zona. I morti furono 79 tra cui 17 dell'equipaggio della nave, incluso un ufficiale. È anche da tener presente che il von Ravenstein fu il primo generale tedesco ad essere catturato nella Seconda guerra mondiale.

---

[59] Da un'annotazione del capitano di corvetta Oehrn nel suo Diario di Guerra, la situazione dei 24 sommergibili tedeschi nel Mediterraneo sotto il suo comando era la seguente: Nel bacino orientale *U-431*, *U565*, *U562*, *U-557*. Nel bacino occidentale *U-372*, *U-373*. In rotta per il Mediterraneo orientale *U-208*, *U-568*, *U-374*, *U-573*, *U-652*. Diretto verso il bacino orientale *U-375*. In rientro a La Spezia *U-81*, *U-205*. In operazione speciale in Egeo [per intercettare petroliere sovietiche in uscita dal Mar Nero] *U-371*. A Salamina *U-75*, *U-79*, *U-.97*, *U-331*, *U-559*. Nessun sommergibile a La Spezia. Attesi a breve dall'Atlantico *U-74*, *U-77*, *U-432*, *U-569*.

Il piroscafo passeggeri *Chakdina* in una immagine del 1935.

Nel 1940 il piroscafo *Chakdina* fu requisito a Singapore e armato come nave scorta convogli dalla Royal Navy. Il 5 dicembre 1941 fu affondato dal velivolo S. 79 del tenente Guglielmo Ranieri della 279ª Squadriglia Aerosiluranti.

Il 12 dicembre, per proteggere il movimento di due importanti convogli italiani diretti a Tripoli e Bengasi (operazioni M.41 e M.42),[60] l'ammiraglio Weichold dispose, con l'ordine di operazione n. 3, che gli U-boote si portassero in agguato davanti ad

---

[60] Per le operazioni "M.41" e "M.42", vidi il Saggio dell'Autore, "*Il periodo più tragico per la Marina Italiana sulle rotte tra l'Italia e la Libia*, in Academia Edu.

Alessandria per attaccarvi le forze navali della Mediterranean Fleet in entrata e uscita dal porto. Gli ordini di prendere posizione furono impartiti ai sommergibili *U-75*, *U-77*, *U-79*, *U-133*, *U-371*, *U-374* e *U-568*. Fu raccomandato ai comandanti dei sommergibili di aver cura nello scegliere i bersagli, dando la precedenza ad unità da guerra superiori ad incrociatori e navi mercantili particolarmente importanti, nonché a grossi cacciatorpediniere facilmente inquadrabili.[61]

In conformità con queste disposizioni la sera del 13 dicembre l'*U-431* (tenente di vascello Wilhelm Dommes) attaccò a 45 miglia ad ovest di Alessandria la petroliera britannica *Myriel* (capitano George Mordaunt), di 3.560 tsl, diretta a Tobruk con la scorta dei whaler sudafricani *Southern Isle* e *Southern Sea*. La petroliera, sebbene colpita a prora da uno dei tre siluri lanciati dal sommergibile alle ore 19.15, e gravemente danneggiata, si arrestò a 15 miglia a nord di El Alamein. L'equipaggio preso dal panico voleva abbandonarla, ma fu poi convinto a restare a bordo dal comandante Mordaunt. Gli uomini riuscirono a spengere un incendio e la *Myriel*, nonostante un grande squarcio a prora, rimesse in moto le macchine poté rientrare nel porto di Alessandria alla velocità di 3 nodi, nell'ultimo tratto della navigazione trainata da un rimorchiatore.

La petroliera britannica *Myriel* che fu silurata e danneggiata dall' *U-431*.

---

[61] AUSMM, Comandante in Capo dei Sommergibili tedeschi in Mediterraneo, *Ordine d'operazione n. 3, Impiego dei Sommergibili per la missione "Afrika"*.

Il sommergibile *U 431*, varato a Danzica il 2 febbraio 1941, all'entrata in servizio a Kiel il 5 aprile 1941, e il suo comandante tenente di vascello Wilhelm Dommes.

L'*U-431*, rimasto nella zona dell'attacco per controllare, avrebbe potuto tentare di dare alla *Myriel* il colpo di grazia, ma non aveva più siluri avendo svolto altri attacchi senza successo. Il Comando della 23ª Flottiglia ordinò allora all'*U-557*, che si trovava vicino all'*U-431* di portarsi sul posto. Ma quando ci arrivò non poté fare nulla avendo avvistato vicino alla *Myriel* quattro cacciatorpediniere. La petroliera raggiunse Alessandria e riparata rientrò in servizio nell'ottobre 1943.

Comunque, successivamente l'*U-557* del tenente di vascello Ottokar Paulshen, poté conseguire un ben più ambito successo. Il sommergibile che aveva lasciato Messina il 9 dicembre per trasferirsi nel Mediterraneo orientale, avendo preso posizione all'entrata del canale di sicurezza del porto di Alessandria, verso la fine del pomeriggio del giorno 16 ebbe la ventura di attaccare la 15ª Divisione della Mediterranean Fleet, costituita dagli incrociatori *Naiad* (contrammiraglio Philip Vian), *Euryalus*, e *Galatea*, e i nove cacciatorpediniere: *Jervis, Kimberley, Kingston, Napier, Nizam, Kipling, Griffin, Havock* e *Hotspur*.

La missione di questa forza navale, che era in precinto di rientrare alla base, era stata quella di intercettare nel Mare Ionio i convogli italiani diretti in Libia. L'operazione britannica, denominata "ME.9", doveva essere coordinata con quella delle forze B e K, presenti a Malta, e costituite da quattro incrociatori e altrettanti cacciatorpediniere, nonché con altri quattro cacciatorpediniere (*Sikh, Maori, Legion, e Isaac Sweers*, quest'ultimo olandese) che, provenienti da Gibilterra e diretti ad Alessandria, nella notte sul 13, avevano silurato e affondato nelle acque di Capo Bon gli incrociatori italiani *Alberto Di*

Giussano e *Alberico Da Barbiano*, partiti da Palermo per trasportare a Tripoli un urgente carico di benzina per l'Aeronautica.[62]

Poiché tramite le informazioni crittografiche Ultra, il Comando della Mediterranean Fleet era venuto a conoscenza che i gruppi navali italiani, assegnati alla scorta dei convogli (operazione M 41), comprendevano navi da battaglia, fu disposto di trarre in inganno il nemico facendo trasmettere messaggi radio fittizi al posamine veloce *Abdiel* (capitano di vascello Hon Edward Pleydell-Bouverie), salpato da Alessandria e diretto ad Haifa. Lo stratagemma riuscì, dal momento che le navi italiane – essendo stata silurata dal sommergibile *Urge* (tenente di vascello Edward Philip Tomkinson) la corazzata *Vittorio Veneto* nello Stretto di Messina, a 10 miglia a sud-ovest di Capo dell'Armi, ed annientato nel Golfo di Taranto dal sommergibile *Upright* (tenente di vascello John Somerton Wraith) un intero convoglio di due modernissime motonavi (*Carlo del Greco* e *Fabio Filzi*) che trasportavano tre battaglioni di carri armati – temendo di cadere in un agguato affrontando forze da battaglia superiori, rientrarono in porto.

Il sommergibile britannico *Urge* che colpì con un siluro la corazzata italiana *Vittorio Veneto*.

Non appena questa deviazione di rotta fu conosciuta, tramite le segnalazioni della ricognizione aerea della RAF, il Comando della Mediterranean Fleet, annullò l'operazione d'intercettazione e, nel pomeriggio del 14 dicembre, ordinò alla 15ª Divisione Incrociatori di rientrare ad Alessandria, assieme ai quattro cacciatorpediniere provenienti da Gibilterra. Poco prima della mezzanotte dello stesso giorno 14, mentre le unità britanniche, navigando ad alta velocità, erano sul punto di entrare nel canale dragato di accesso al porto di Alessandria, il *Galatea*, l'ultimo incrociatore della fila, venne attaccato dall'*U-557*. Colpito alle ore 23.59 da due siluri esplosi in rapida successione a mezza nave, l'incrociatore affondò un soli tre minuti, in lat. 31°12'N, long. 29°15'E, corrispondente a 45 miglia ad ovest di Alessandria, con forti perdite di vite umane. Fra i caduti, che comprendevano 469 uomini, inclusi 22 ufficiali, vi era anche il comandante, capitano di vascello Edward William Boyd Sim.

---

[62] Francesco Mattesini, *Il giallo di Capo Bon. I retroscena inediti di un cumolo di errori*, nel sito Academia Edu del 1° Dicembre 2019.

L'incrociatore britannico *Galatea* nel 1941.

Gli incrociatori *Charybdis* e *Galatea* (a sinistra) durante una missione nel dicembre 1941. È forse una delle ultime immagini del *Galatea* che il 14 dicembre fu affondato dall'*U-557*.

Mentre gli incrociatori *Naiad* ed *Euryalus* proseguivano verso Alessandria, i cacciatorpediniere *Griffin* e *Hotspur*, rimasti sul luogo del sinistro, riuscirono a salvare 154 uomini dell'equipaggio del *Galatea*.

Anche l'*U 557*, con i suoi 43 uomini d'equipaggio, per tragica fatalità non rientrò alla sua base della 23ª Flottiglia di Salamina. Subito dopo l'attacco che portò all'affondamento del *Galatea* il sommergibile aveva trasmesso al comando di aver colpito con tre siluri un incrociatore del tipo "Aurora", ossia della stessa classe del *Galatea*, che era stato visto affondare in due minuti. L'*U-431* che era nella stessa zona dell'*U-557*, avendo lanciasto gli ultimi siluri il precedente giorno 13 nell'attacco e danneggiamento della petroliera *Myriel*, non ebbe la possibilità di attaccare.

Alle 21.44 del 16 dicembre, dopo aver trasmesso alle 18.06 un breve segnale radio in cui affermava che si trovava a diciotto ore dall'entrata in porto, l'*U-557*, arrivato a 16 miglia a ovest di Phalasama (Creta), alle 21.44 fu avvistato, attaccato e affondato dalla torpediniera italiana *Orione* (tenente di vascello M. Gambetta), partita dal porto di Suda senza essere stata informata della presenza nella zona che doveva percorrere del sommergibile alleato. Nel corso delle indagini su questo increscioso incidente, fu accertato che la notizia della posizione dell'U-557 era stata segnalata dal Comando tedesco a quello italiano troppo tardi, prima delle ore 22.00 o poco dopo, quando l'*Orione* aveva completato il suo letale attacco, in lat. 35°31'N, long. 23°19'E.[63]

La parte poppiera della torretta dell'*U-557* e il comandante del sommergibile Ottokar Paulshen.

---

[63] Kenneth Wynn, *U-Boat operations of the Second World War, Volume 1: Career Histories, U 1, U 510*, Chatham Publkishing, London, 1997, p. 243.

La torpediniera italiana *Orione* che non informata del passaggio dell'*U-557* lo affondò con le bombe di profondità ad ovest di Creta.

Nella sua attività di guerra, in cinque missioni iniziate il 13 maggio 1941, l'*557* aveva affondato, oltre al *Galatea*, sei navi mercantili (cinque in Atlantico e una in Mediterraneo) per 31,729 tsl.

L'*U-371* (tenente di vascello Heinrich Driver), salpato da Salamina il giorno 4 dicembre per la sua quinta missione di guerra, mentre diretto a sud l'indomani transitava ad ovest di Cerigo (Kythera), fu attaccato senza successo dal sommergibile britannico *Talisman* (capitano di corvetta Michael Willmott), che tra le 03.01 e le 03.08, lanciò sette siluri senza riuscire a colpirlo. Raggiunta, come ordinato, la zona operativa presso Alessandria, la sera del 18 novembre l'*U-371* attaccò un incrociatore e un cacciatorpediniere della Mediterranean Fleet, lanciando alle 22.44 con i tubi di prora quattro siluri, e udendo tre detonazioni poco tempo dopo. Si trattava di unità della 15ª Divisione, gli incrociatori *Naiad* e *Euryalus* e cacciatorpediniere di scorta, che stavano rientrando dopo aver accompagnato a Malta la nave ausiliaria *Breconshire*, e dopo aver sostenuto al crepuscolo del 17 dicembre un breve combattimento nel Golfo della Sirte con la Squadra Navale italiana, che stava scortando a Tripoli il convoglio dell'operazione "M.42".[64]

Sempre nel corso della notte, nelle prime ore del 19 dicembre l'*U-371* fu attaccato dal cacciatorpediniere britannico *Jervis* (capitano di vascello Philip John Mack), ma non

---

[64] Francesco Mattesini, *La prima battaglia della Sirte*. Prima parte: *Genesi e fallimento dell'operazione M. 41 e pianificazione dell'operazione M. 42*; Parte seconda: *Lo svolgimento dell'operazione M. 42 e le perdite navali britanniche sugli sbarramenti di Tripoli*. Bollettino d'Archivio dell'Ufficio Storico della Marina Militare, marzo-giugno 2004.

riportò danno e senza altre avventure il 10 gennaio tornò a Salamina.[65] Fu l'unico sommergibile che nei tre mesi di attività (ottobre – dicembre) delle unità della 23ª Flottiglia non aveva conseguito alcun successo. Nondimeno, il comandante Driver, che nel corso di due missioni in Atlantico, prima di trasferirsi nel Mediterraneo, aveva affondato quattro navi mercantili per 25.122 tsl, affermò con sicurezza che l'incrociatore attaccato nel quadrato CP 7274 (corrispondente a lat. 31°26'N, long. 29°38'E) era del tipo "Leander", di 6.900 tonnellate, e da considerarsi colpito dai suoi siluri e affondato; e ciò fu riportato il 16 dicembre da radio Berlino. Invece vi erano dubbi sull'aver colpito il cacciatorpediniere.

L'*U-410* a Danzica. Era gemello dell'*U-371* e dell'*U-431*. Notare le acque del Baltico gelate, in quel gelido inverno del 1941-1942. Ciò causò non poche preoccupazioni al B.d.U. perché i nuovi sommergibili attesi in Francia non potevano muoversi.

Il 19 dicembre l'*U-652* (tenente di vascello Georg-Werner Fraatz), che era stato inviato ad operare in Egeo a sud dello Stretto dei Dardanelli, essendo stato segnalato dal servizio informazione che navi sovietiche sarebbero uscite dal Mar Nero attraversando il Bosforo per raggiungere i porti britannici del Mediterraneo orientale, attaccò la motocisterna militare *Varlaam Avanesov* (ex *Jurakhani* ex *Elbrus*), di 6.577 tons, salpata da Batum e diretta a Famagosta (Cipro). Quella nave sovietica era uscita dal Mar Nero, attraversando il Bosforo, per raggiungere Istanbul, per poi proseguire per lo Stretto del Dardanelli. L'*U 652* lanciò i siluri alle ore 21.34, a 2,5 miglia per 162 gradi da Capo Babakale, Isola di Tenedos. La *Varlam Avanesov* (capitano B.V. Ostashevsky) colpita

---

[65] G.G. Connell, *Mediterranean Maelstrom. HMS Jervis and the 14th Flotilla*, William Kimber, London, 1987, p. 144.

affondò nello spazio di due ore in lat. 39°27'N, long. 26°05'E. Decedette un uomo dell'equipaggio. I restanti, raggiunta la costa della Turchia con un'imbarcazione di salvataggio, da Istanbul tornarono nell'Unione Sovietica attraverso la Turchia.

La motocisterna militare sovietica *Varlaam Avanesov* che il 9 dicembre 1941 fu affondata a sud dello Stretto dei Dardanelli dall'*U-652*.

I sommergibili tedeschi continuarono ad operare intensamente sulle rotte di Tobruk, dove la Mediterranean Fleet aveva organizzato tutta una serie di piccoli convogli denominati A.T. (quelli in partenza da Alessandria) e T.A. (quelli di ritorno da Tobruk), avvalendosi per le scorte delle tre corvette del 10° Gruppo *Peony*, *Salvia* e *Hyacinty* che, recentemente arrivate ad Alessandria dal Regno Unito, erano state subito intensamente impegnate. Per svolgere le operazioni, dopo la perdita dell'*U-577* restavano disponibili a

Salamina, nella 23ª Flottiglia, i seguenti dodici sommergibili: *U-74, U-77, U-79, U-83,* del tipo VII B; *U-133, U-371, U-373, U-374, U-559, U-562, U-568, U-652,* del tipo VII C. Ma questo numero era destinato ad assottigliarsi.

Da sinistra il tenente di vascello Heinrich Driver comandante dell'*U-371* e il promosso capitano di corvetta Georg-Werner Fraatz comandante dell'*U-652*. Quest'ultimo ha al collo la croce di cavaliere con fronde di quercia. Nella sua attività di guerra con l'*U-652* Fraatz affondò 6 navi per 14.073 tonnellate, compresi 2 cacciatorpediniere della Mediterranean Fleet (*Heythrop* e *Jaguar*), e danneggiò altre 3 navi per 20,835 tonnellate.

Il 23 dicembre i cacciatorpediniere *Hotspur*, *Hasty* e *Heythrop* effettuarono un rastrello antisom sulla rotta del convoglio TA.5, partito da Tobruk e diretto ad Alessandria e nell'occasione scoprirono ed affondarono, dopo caccia con lancio di bombe di profondità, l'*U-79* (tenente di vascello Wolfgang Kaufmann) a nord-ovest di Bardia, che era stato diretto contro il convoglio assieme all'*U-559* e *U-562*. Prima di affondare, in lat. 32°15'N, long. 25°19'E il sommergibile, essendo rimasto nella caccia gravemente danneggiato, era venuto in superficie, e ciò permise il salvataggio, da parte delle tre unità britanniche, dei suoi 44 uomini d'equipaggio. Nella sue sei missioni di attività bellica, svolte in Atlantico e nel Mediterraneo al comando di Kaufmann, l'*U-79* aveva affondato 2 navi per 2.983 tsl, immobilizzato per sempre la cannoniera *Gnat* (total loss), e danneggiato la petroliera olandese *Tibia*, di 10.356 tsl.

Torretta e uomini dell'equipaggio dell'*U-79*

Quello stesso giorno, 23 dicembre, Il convoglio TA.5, costituito dal solo piroscafo passeggeri britannico *Shuntien*, scortato dal cacciatorpediniere *Heythtop* e dalla corvetta *Salvia*, fu attaccato ad oriente di Tobruk dall'*U-562* (tenente di vascello Horst Hamm), che lanciò i siluri contro un cacciatorpediniere in lat. 32°15'N. long. 24°42'E. Successivamente l'*U-559* (tenente di vascello Hans Heidtmann) alle ore 19.02 e alle ore 20.13 effettuò lanci di siluri di prora, uno dei quali, nel primo attacco, andò a colpire il piroscafo britannico *Shuntien* (capitano William L. Shinn), di 3.059 tsl, che aveva a bordo 70 uomini d'equipaggio, 18 cannonieri e circa 850 prigionieri di guerra italiani e tedeschi. Lo *Shuntien* affondò in lat. 32°06'N, long. 24°46'E.

La corvetta *Salvia* (capitano di corvetta John Isdale Miller) recuperò in un mare cosparso di detriti e di nafta un centinaio di naufraghi di quella nave, compreso il comandante Shinn e 47 uomini dell'equipaggio; ma successivamente nelle prime ore del 24 dicembre, avendo percorso 90 miglia verso est dalla zona di affondamento dello *Shuntien* e trovandosi 100 miglia ad ovest di Alessandria, la corvetta fu anch'essa colpita da uno dei quattro siluri siluro lanciati alle 01.35 dal sommergibile tedesco *U 568* (tenente di vascello Joachim Preuss) e affondò, in un mare cosparso di nafta in fiamme capovolgendosi e spezzandosi in due tronconi, in lat. 31°46'N, long. 28°00'E. Nessuno assistette alla fine della *Salvia*, e la corvetta *Peony* (capitano di corvetta della riserva Martyn Burr Sherwood) che era andata in suo soccorso trovò nella zona dell'affondamento solo rottami e una grossa chiazza di nafta.

Il piroscafo passeggeri britannico *Shuntien* che fu affondato dall'*U-559*.

La corvetta britannica *Salvia* che fu affondata il 24 dicembre dall'*U-568* a ovest di Alessandria.

Il troncone di poppa della corvetta affondò rapidamente, mentre la parte restante dello scafo restò a galla per qualche minuto prima di inabissarsi.

Considerando gli uomini che erano stati salvati nell'affondamento dello *Shuntien*, con la *Salvia* morirono in totale 108 uomini, dei quali 58 dei 106 dell'equipaggio della corvetta, inclusi il comandante e 3 ufficiali. Quanto alle perdite dello *Shuntien*, che furono assai levate, non si hanno dati sicuri, in particolare sul numero dei prigionieri. Morirono sicuramente i 48 uomini dell'equipaggio del piroscafo che erano stati raccolti dalla corvetta *Salvia*. Una parte degli uomini dell'equipaggio e dei prigionieri dello *Shuntien* furono salvato dal cacciatorpediniere *Heythrop* (capitano di corvetta Robert Sydney

Stafford). Ma tra i cannonieri e i prigionieri del piroscafo, mancarono all'appello più di 700 uomini.[66]

Due giorni dopo aver affondato lo *Shuntien*, nel pomeriggio del 26 dicembre il sommergibile *U-559* del comandante Heidtmann attaccò a ovest di Sidi el Barrani il convoglio A.T.6, costituito dai piroscafi *Warszawa*, *Alisa* e *Varvara* e scortato dai cacciatorpediniere *Kimberley*, *Kipling*, *Legion*, dalla corvetta *Peony* e dalla nave scorta *Burgonet*. L'*U-559* silurò il piroscafo polacco *Warszawa* (capitano Tadeusz W. Meissner), di 2.487 tsl, la nave del commodoro del convoglio. Alle 14.29 la *Warszawa* fu colpita a dritta a poppa da un siluro, che uccise 4 dei 47 membri dell'equipaggio, che erano addetti al cannone poppiero, e 19 dei 416 passeggeri. I 309 superstiti del piroscafo, che era rimasto immobilizzato e con il timone inutilizzabile, furono raccolti dalla nave scorta *Burgonet*, mentre gli uomini che si trovavano in mare su sette imbarcazioni di salvataggio furono raccolti dalla corvetta *Peony* del capitano di corvetta Sherwood, che poi prese il *Warszawa* a rimorchio alla velocità di 3 nodi, mentre il cacciatorpediniere *Avon Vale* (capitano di corvetta Peter Alison Ross Withers) fungeva da unità di scorta.

A bordo del piroscafo era rimasto un equipaggio ridotto di 18 uomini e una dottoressa. Nel frattempo, controllando col periscopio, il comandante dell'*U-559* aveva tenuto d'occhio quelle navi, e dopo il tramonto tornò all'attacco senza che il sommergibile venisse avvistato. Diresse contro la nave che aveva danneggiato, lanciando un siluro con il tubo di poppa. Alle 19.30 il silurò colpì il *Warszawa* a prora sul fianco sinistro. La corvetta *Pheony* tagliò prontamente il cavo di rimorchio che l'univa al piroscafo e, raccolti gli uomini dell'equipaggio, si allontanò in tempo per vedere il *Warszawa* che stava affondando in lat. 32°10'N, long. 24°32'E. Il mattino del 27 la *Pheony* sbarcò i superstiti a Tobruk, dopo di che i marinai polacchi furono portati ad Alessandria dal piroscafo belga *Prince Baudouin*.

Il 28 dicembre, alle ore 18.45, l'*U-559* avvistò un convoglio ma nell'avvicinarsi fu scoperto da un aereo della scorta che lo costrinsero ad immergersi. Rientrò a Salamina il giorno 31, al termine di una missione di ventiquattro giorni in cui aveva affondato due piroscafi in convoglio per 5.546 tsl.

---

[66] Alan J. Tennent, *British and Commonwealth Merchant Ship Losses to Axis Submariners 1939-1945*, cit., p. 68.

Il piroscafo da carico polacco *Warszawa* che *l'U-559* affondò dopo il piroscafo passeggeri britannico *Shuntien*.

La corvetta britannica *Peony* che dopo aver trainato il piroscafo *Warszawa* ne rfecuperò l'equipaggio.

La sera del 26 dicembre l'*U-652* avvistò un convoglio con rotta nord-est, lo attaccò e il comandante, tenente di vascello Georg-Werner Fraatz, ritenne di aver colpito un piroscafo con un siluro. Poco più tardi l'*U-75* avvistò lo stesso convoglio, segnalandolo costituito da un piroscafo, due cacciatorpediniere e una nave pattuglia, con rotta 110 gradi e velocità 8-9 nodi. L'*U-374* era nella zona ma non fece avvistamenti. Allora il Comando della 23ª Flottiglia ordinò ai tre sommergibili di costituire una linea e avanzare verso est per una profondità di 110 miglia fino a raggiungere la zona di Alessandria, ma la ricerca sembrò non dare successo, poiché fu ritenuto che il convoglio avesse attraversato senza essere stato avvistato la linea di ricerca dei tre sommergibili.

Ma non era corretto, poiché il 28 dicembre l'*U-75* (tenente di vascello Helmuth Ringelmann) che, come detto, il 12 ottobre aveva iniziato la serie degli affondamenti di naviglio nemico nella zona di Tobruk con l'affondamento di due LCT, effettuò l'ultimo attacco del mese di dicembre da parte dei sommergibili tedeschi della 23ª Flottiglia. Ciò avvenne all'alba quando, a 70 miglia a nord-est di Bardia in lat. 32°10'N, long. 26°50'E (quadrato CO 92), il sommergibile attaccò il convoglio A.T.6 (Alessandria Tobruk), costituito da due mercantili, silurando il piroscafo britannico *Volo* (capitano George Rowland Whitefield), di 1.587 tsl, una nave da carico veterana delle rotte di Malta e di Tobruk che era in zavorra. Il *Volo*, secondo i britannici, affondò a 45 miglia a nord-ovest di Marsa Matruh, in lat. 31°45'N, long. 26°48'E. Il comandante decedette con altri 20 uomini dell'equipaggio e 3 cannonieri, mentre i superstiti, 9 marinai e 5 cannonieri, furono recuperati dal mezzo da sbarco per carri armati *LCT-17* (sottotenente di vascello L. Pullen) e sbarcati ad Alessandria.[67]

Il piroscafo britannico *Volo* l'ultima nave affondata dai sommergibili tedeschi nel Mediterraneo nel 1941. Fu silurata dall'*U-75* a 45 miglia a nord-ovest di Marsa Matruh.

---

[67] *Ibidem*, p. 131. * L'affondamento del piroscafo *Volo* non si verificò nel convoglio M.E.8, in navigazione da Malta ad Alessandria, come erroneamente riportato in siti di Internet e pubblicazioni, ma invece si trovava nel convoglio A.T.6, in rotta di ritorno da Tobruk ad Alessandria. Cfr. *The Royal Navy and the Mediterranean*, Volume II, *November 1940 – December 1941*, Historical Section Admiralty, Confidential, CB. 3302 (2), 1957, p. 214. Un altro errore: al salvataggio dell'equipaggio del *Volo* non partecipò la *LCT-11* (*A-11*) bensì la *LCT 17* (*A-17*) del tenente di vascello L. Pullen. La *LCT 11*, era andata perduta, senza lasciare traccia, il 16 dicembre 1941 nei pressi di Sollum (Cirenaica).

LCT-17. Dopo il servizio di guerra svolto dal 1940 nella Royal Navy, nel 1946 fu ceduta alla Marina italiana.

Dopo l'attacco, l'*U-75*, che era alla sua quinta missione di guerra, comunicò con la radio al Comando della 23ª Flottiglia di aver affondato due navi mercantili, una di 4.000 e l'altra di 5.000 tonnellate, e di averne colpito una terza. Fu l'ultima sua trasmissione, poiché due ore e mezzo dopo l'affondamento del piroscafo *Volo* il sommergibile fu scoperto ad attaccato con le bombe di profondità dal cacciatorpediniere britannico *Kipling* (capitano di corvetta Aubrey St. Clair-Ford), che lo costrinse ad emergere per mettere in salvo l'equipaggio.

Alla caccia al sommergibile partecipò anche il cacciatorpediniere *Legion* (capitano di fregata Richard Frederick Jessel) che insieme al *Kipling* facevano parte della scorta del grande convoglio M.E.6 (4 piroscafi, 3 incrociatori e 11 cacciatorpediniere), partito il 26 dicembre da Malta per Alessandria dove arrivò il 29. I due cacciatorpediniere, della Forze K, avevano lasciato il convoglio nella giornata del 28 per rientrare a Malta, e sulla loro rotta individuarono e affondarono l'*U-75*.

L'U-75 e il suo comandante, tenente di vascello Helmuth Ringelmann

Il cacciatorpediniere britannico *Kipling* che il 28 dicembre affondò l'*U-75* con le bombe di profondità.

Di esso, 30 uomini riuscirono a salvarsi, gli altri 15, compreso il comandante, decedettero. Il sommergibile affondò a 30 miglia a nord-ovest di Marsa Matruh, in lat. 31°50'N, long, 26°40'E. Nella sua attività di guerra l'*U-75* di Ringelman aveva affondato 7 navi mercantili per 37.881 tsl, e 2 mezzi da sbarco per 744 tonnellate.

Per una segnalazione indicante che numerose navi nemiche si trovavano nelle acque di Malta, nella terza decade di dicembre l'ammiraglio Weichold ordinò che i sommergibili della 29ª Flottiglia *U-74* (tenente di vascello Eitel-Fredrich Kentrat), e *U-77* (tenente di vascello Heinrich Schonder), che provenienti dall'Atlantico si trovavano a Messina, di andare nella zona per controllare la situazione. Ma mentre l'*U-77* fu spostato nella zona di Bengasi, che era stata conquistata dai britannici il 26 dicembre, segnalando di non aver riscontrato alcun traffico, l'*U-74* restò nella zona di Malta dal giorno 25 al giorno 27 senza fare avvistamenti, per poi rientrare a Messina per delle riparazioni urgenti[68] La zona di Malta era riservata dagli accordi ai sommergibili italiani, e poiché Supermarina venne a conoscere che l'*U-74* si era portato nelle acque dell'isola, ciò generò un piccolo strascico polemico col Comando tedesco che non aveva avvertito in tempo gli italiani di quello spostamento.

L'*U-83* (tenente di vascello Hans-Werner Kraus) che era partito il 10 dicembre da Brest, la base della 1ª Flottiglia Sommergibili, dopo aver fatto scalo a Messina, raggiunta il giorno 23 al termine di una percorrenza di 3.253 miglia che comportò diciotto giorni di navigazione, il 25 dicembre salpò dal porto siciliano per portarsi ad operare nella zona di Tobruk.

---

[68] War Diary of Captain U-Boats Italy, 8 – 31 December 1941 - PG30920. (traduzione).

L'*U-83* all'arrivo a La Spezia.

Nella notte del giorno 28 dicembre, mentre si avvicinava ad un convoglio scortato fu scoperto da aerei britannici, e attaccato con bombe di profondità, per i gravi danni riportati, fu costretto a raggiungere la sua nuova base di Salamina, che raggiunse due giorni dopo. La sua avventura fu considerata dal capitano di corvetta Oehrn la prima dura esperienza di un sommergibile tedesco nel Mediterraneo.[69] I lavori di riparazioni si prolungarono per quaranta giorno, e l'*U-83* poté riprendere il mare per una nuova missione il 12 febbraio 1942.

Dopo l'affondamento dell'*U-75*, alla fine di dicembre 1941 restarono ad operare nel Mediterraneo 21 sommergibili tedeschi, a cui si aggiungevano da parte italiana 89 sommergibili, dei quali quaranta pronti all'impiego.[70] Se questi ultimi avessero agito con la medesima determinazione degli U-boote i successi di questi ultimi sarebbero stati quadruplicati. Invece nello stesso periodo in cui nei mesi di novembre e dicembre gli U-boote avevano ottenuto molti significativi successi, da preoccupare moltissimo i responsabili della Royal Navy, i sommergibili italiani, come già detto, affondarono l'8 novembre presso Melilla, con il *Dandolo* del tenente di vascello Walter Auconi, soltanto una nave neutrale di nazionalità spagnola, il piroscafo *Castillo Oropesa*, quindi da considerarsi politicamente alleata. Lo stesso sommergibile quattro giorni prima, con altro errore di riconoscimento, aveva colpito con un siluro la cisterna militare francese *Tarn*, danneggiandola presso Algeri. Questo risultato negativo, conseguito da una grossa flotta subacquea su navi neutrali, è da considerare come qualcosa di incredibile. Le nostre cartine, disegnate dal padre dell'autore Antonio Mattesini, ne danno una dimostrazione significativa.

---

[69] *Ibidem*. Per i danni riportati dal sommergibile *U-83* vedi Annesso n. 1.
[70] AUSMM, *Statini di Maricosom*.

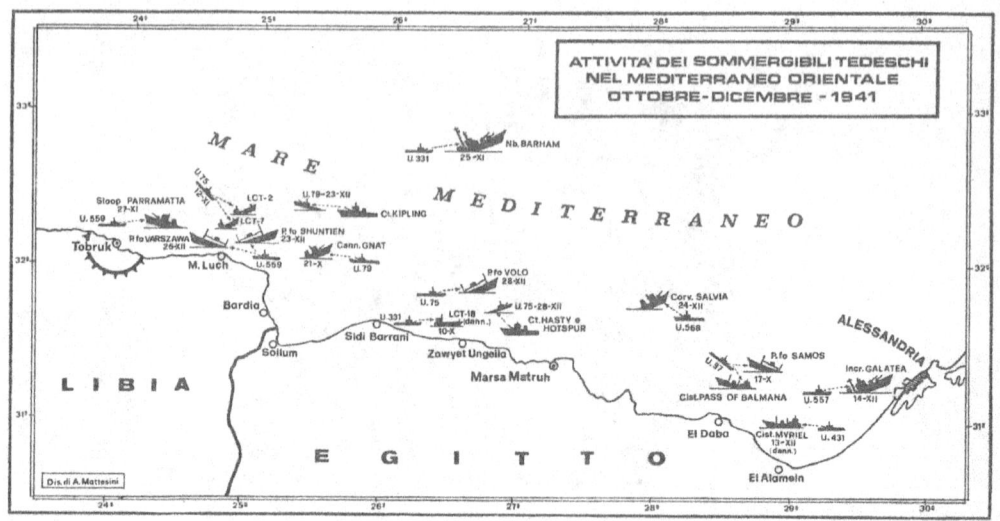

Sull'attività dei sommergibili tedeschi, che nello spazio di pochi giorni avevano affondato la portaerei *Ark Royal* (14 novembre) e la corazzata *Barham* (25 novembre), lo storico britannico generale Playfair scrisse nel suo secondo volume della collana "*Mediterranean and Middle East*, che: "*L'arrivo dei sommergibili tedeschi fu altrettanto disastro per i britannici quanto l'arrivo della Forza K lo era stato per gli italiani*".

Gloria anche per gli italiani. La notte di Alessandria

La missione che dette le maggiori soddisfazioni ai sommergibili italiani fu quella compiuta contro la base di Alessandria dal sommergibile *Scirè* del capitano di corvetta principe Julio Valerio Borghese. E ciò non avvenne impiegando i siluri ma, come già fatto nel forzamento di Gibilterra, trasportando mezzi da sbarco.

Imbarcati tre siluri a lenta corsa SLC, nel pomeriggio del 3 dicembre 1941, lo *Scirè* aveva lasciato la base di La Spezia per portarsi a Portolago di Lero, la base della Regia Marina nel Dodecaneso, dove imbarco dieci operatori della X Flottiglia Mas, che nel frattempo erano stati trasferiti a Rodi per via aerea. Il sommergibile salpò da Rodi il mattino del 14 dicembre e iniziò la navigazione per Alessandria. Obiettivo della missione erano infatti le grandi navi della Mediterranean Fleet.

Fino al mattino del giorno 17 lo *Scirè* incrociò al largo del porto di Alessandria e, mantenendosi di giorno in immersione, sia per le cattive condizioni del mare, sia per attendere la conferma dalla ricognizione aerei italiana e tedesca che le navi da attaccare erano in porto. A con ferma arrivata fu deciso l'attacco per la notte del 19 dicembre e pertanto lo *Scirè* iniziò la fase di avvicinamento giungendo, come previsto, in una zona di fondali di 15 metri a soli 750 metri dalla zona minata per la protezione del porto. In pochissimo tempo fu effettuata la fuoriuscita di uomini e mezzi, dopo che il comandante Borghese aveva assegnato agli operatori i loro obiettivi:

All'*SLC 221* del tenente di vascello Luigi Durand de La Penne e del capo palombaro di 2ª classe Emilio Bianchi, la nave da battaglia *Valiant*.

All'*SLC 222* del capitano A.N. Vincenzo Martellotta e del palombaro Mario Marino, in mancanza di navi portaerei, la petroliera militare *Sagona*.

All'*SLC 223* del capitano G.N. Antonio Marceglia e del palombaro Spartaco Schergat, la nave da battaglia *Queen Elizabeth*.

Il sommergibile italiano *Scirè* al varo a Muggiano il 6 gennaio 1938.

Lo *Scirè* in navigazione nel golfo della Spezia. Notare i contenitori per tre mezzi d'assalto SLC.

Le due corazzate, della classe "Warspite" risalenti alla prima guerra mondiale, era quanto rimaneva nel Mediterraneo orientale alla 1ª Squadra da Battaglia della Mediterranean Fleet, e nessun rinforzo si prevedeva da parte dell'Ammiragliato per dover rinforzare, dopo l'attacco dei giapponesi, la Flotta dell'Estremo Oriente (Eastern Fleet) anche con la corazzata *Warspite* che dopo aver riparato i danni subiti per attacco aereo tedesco nel corso della battaglia di Creta il 22 maggio 1941, avrebbe dovuto rientrare ad Alessandria.

I tre mezzi d'assalto, approfittando dell'entrata in porto di una nave britannica a cui erano state aperte le ostruzioni retali, riuscirono a raggiungere i loro obiettivi e fissarvi sotto le carene le cariche esplosive, che poi esplosero, come previsto, sotto le due corazzate e la petroliera. Quest'ultima, la *Sagona* (capitano Einar Leire), aveva accanto il cacciatorpediniere *Jervis* (capitano di vascello Philip John Mack), nave comando della 14ª Flottiglia, che nell'esplosione della carica riportò danni che furono riparati in un mese.

Al centro il capitano di corvetta principe Julio Valerio Borghese, con gli operatori dei mezzi d'assalto, sei dei quali parteciparono alla notte di Alessandria.

Gravissimi furono invece i danni subiti dalle altre tre navi, e particolarmente importanti furono quelli subiti dalle corazzate *Valiant* (capitano di vascello Charles Eric Morgan) e *Queen Elizabeth* (capitano di vascello Claud Barrington Barry), che per gli allagamenti interni attraverso una grossa falla nella carena, sui adagiarono sul fondale del porto, per poi rimanere fuori servizio per circa un anno, con riparazioni effettuate al di fuori del Mediterraneo. Nessun'altra nave da battaglia britannica sarebbe tornata ad Alessandria fino alla seconda metà di giugno 1943, quando vi giunsero la *Warspite* e la *Valiant* per partecipare allo sbarco in Sicilia.

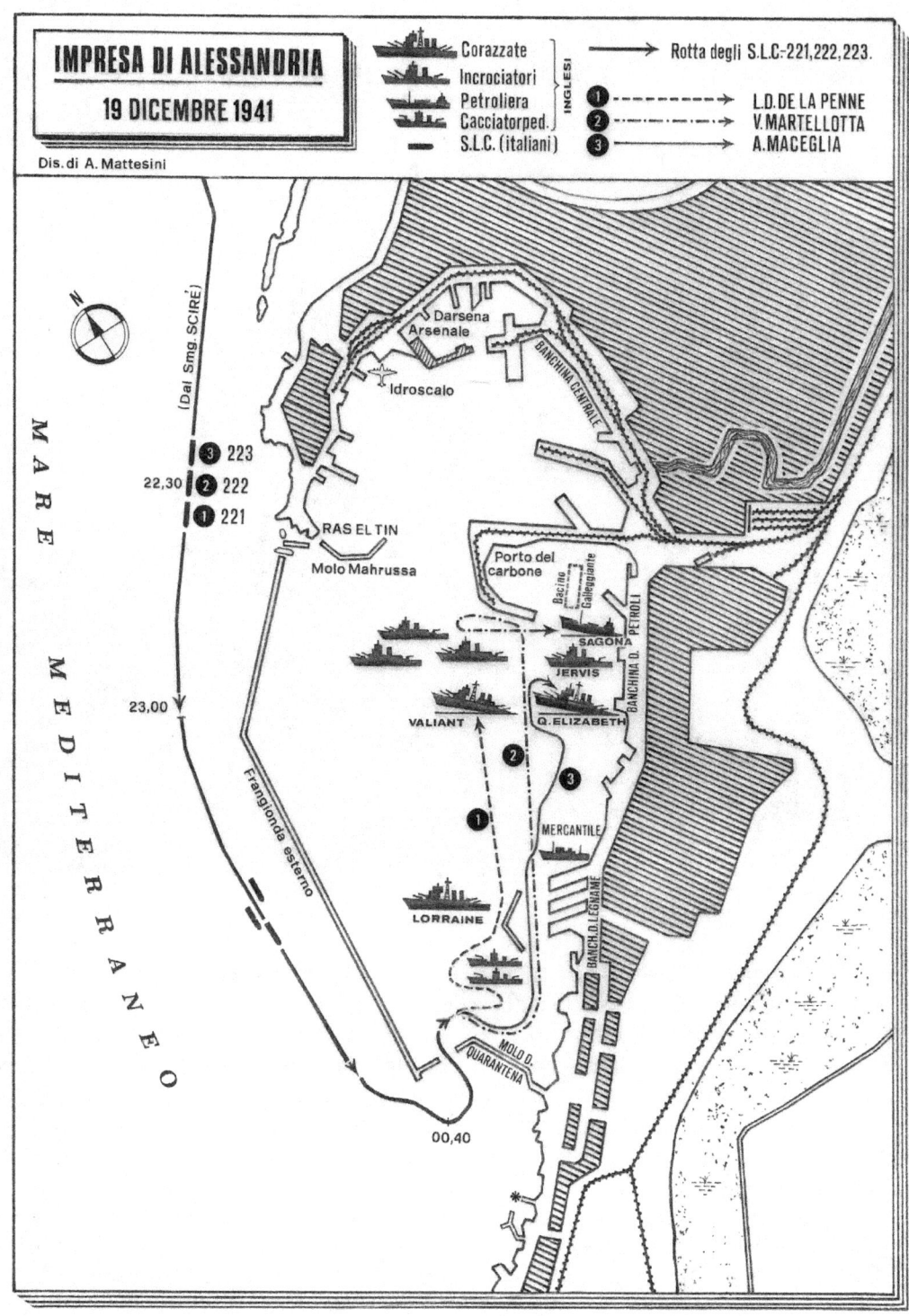

Disegno di Antonio Mattesini.

La corazzata britannica *Queen Elizabeth* danneggiata gravemente dai mezzi d'assalto italiani ad Alessandria.

Per quel successo strepitoso, che lasciava la Mediterranean Fleet con soltanto un pugno di incrociatori e una ventina di cacciatorpediniere, gli uomini che aveva condotto la missione, i sei operatoti degli SLC, furono decorati con la Medaglia d'Oro al Valor Militare; e ciò avvenne a Taranto nel 1944 quando rientrarono dalla prigionia. La stessa decorazione, meritatissima, era stata data il 2 aprile 1942 al comandante del sommergibile *Scirè*, principe Borghese, nel corso di una cerimonia a La Spezia in cui furono concesse decorazioni al valore anche ad altri ufficiali, sottufficiali e marinai sommergibilisti italiani e dei loro colleghi tedeschi,

La serie di fotografia che segue, sulla cerimonia nella base di La Spezia, fu a suo tempo regalata all'Autore di questo saggio da un ufficiale di Marina che prestava servizio al Ministero della Difesa, in cambio di un mio libro su *La Battaglia di Mezzo Agosto*.

La Spezia, 2 aprile 1942. L'ammiraglio di squadra Duca Aimone di Savoia Aosta passa in rassegna gli ufficiali, sottufficiali e marinai dei sommergibili italiani e tedeschi che devono essere decorati con Medaglia al Valore.

L'ammiraglio Aimone, seguito dal vice ammiraglio Weichold, Comandante della Marina Tedesca in Italia, sale sul palco della cerimonia.

L'ammiraglio Aimone decora con la Medaglia d'Oro al Valor Militare il neo promosso capitano di fregata principe Junio Valerio Borghese, comandante del sommergibile Scirè.

Un tenente di vascello tedesco saluta mentre l'ammiraglio Aimone gli appunta una medaglia sul petto.

La consegna della croce di guerra a due sommergibilisrti tedeschi. Entrambi mostrano la decorazione tedesca della Croce di Ferro.

Altri decorati, sopra un marinai tedesco e, sotto un tenente di vascello italiano. Alle spalle di Aimone è l'ammiraglio Weichold.

La notte di Alessandria del 19 dicembre 1941 ebbe ripercussioni pari a quella di una grande battaglia navale vittoriosa. Appariva quasi incredibile che una missione assegnata ad un sommergibile ed esplicata da sei operatori di mezzi d'assalto, fosse riuscita a violare una delle più munite basi del nemico, mentre straordinari apparvero i danni che erano stati inflitti alle loro principali navi da battaglia. Ciò metteva in crisi la Royal Navy in uno dei suoi più importanti scacchieri di guerra. Il grave danneggiamento delle ultime due navi da battaglia della Mediterranean Fleet, che seguiva alla perdita della *Barham*, della portaerei *Ark Royal* dell'incrociatore *Galatea*, affondate dai sommergibili tedeschi *U-331*, *U-81* e *U-557*, fu ancora più doloroso poiché nella stessa notte un disastro si abbatté sulla Forze B e K di Malta, che per attaccare un importante convoglio italiano diretto a Tripoli (operazione "M.42") finirono su uno sbarramento di mine tedesche che era stato posato nel giugno 1941 dagli incrociatori italiani della 7ª Divisione Navale.

Sulle mine, affondarono com gravissime perdite umane l'incrociatore *Neptune* (capitano di vascello Rory O'Conor) e il cacciatorpediniere di squadra *Kandahar* (capitano di fregata William Geoffrey Arthur Robson), mentre gravi danni riportarono gli incrociatori *Aurora* e *Penelope*; questi ultimi erano responsabili della distruzione di quattro convogli italiani, con l'affondamento di ben undici navi mercantili e due cacciatorpediniere di scorta.

Augusta, primavera 1941. A sinistra l'ammiraglio Casardi, Comandante della 7ª Divisione Navale, conversa con alcuni ufficiali dell'incrociatore *Duca d'Aosta* mentre ferve il lavoro per mettere a punto gli scivoli che dovranno accogliere le mine magnetiche tedesche da posare nel Canale di Sicilia e nelle acque prossime al porto di Tripoli.

Augusta primavera 1941. L'imbarco di una mina magnetica tedesca sull'incrociatore *Duca d'Aosta*. A sinistra due marinai specialisti della Marina Germanica.

L'incrociatore britannico *Neptune* che la notte del 19 novembre affondò sulle mine tedesche posate dagli incrociatori italiani della 7ª Divisione Navale nelle acque prossime al porto di Tripoli.

Due immagini del cacciatorpediniere britannico *Kandahar* ad Alessandria nel 1941. Affondò sulle mine di Tripoli poco distante dall'incrociatore *Neptune*. Nel giugno 1940 aveva trainato ad Aden il catturato sommergibile italiano *Galilei Galileo*.

L'*Aurora* dopo sommarie riparazioni a Malta, raggiunse Gibilterra alla fine di marzo, sfuggendo ad una serie di attacchi di aerosiluranti italiani della Sardegna. Il *Penelope*, meno danneggiato, restò ad operare alla Valletta sotto i bombardamenti tedeschi fino ai primi di aprile del 1942, prendendo anche parte alla Seconda battaglia della Sirte del 22 marzo, per poi raggiungere anch'esso Gibilterra e successivamente Liverpool dove fu riparato.

Il danneggiamento delle corazzate ad Alessandria e le perdite e i danni riportati a Tripoli dalle unità di Malta, rappresentarono un disastro completo per la Marina britannica. L'entrata in guerra del Giappone, le forti perdite di naviglio subite dalla Royal Navy in ogni mare del globo, le numerose urgenti esigenze sui fronti dell'Estremo Oriente, dove la Squadra da battaglia di Singapore il 10 dicembre 1941 aveva perduto la corazzata *Prince of Wales* e l'incrociatore da battaglia *Repulse*, affondati dagli aerei della

Marina nipponica, nonché le perdite subite in Atlantico, nell'area di Gibilterra, e nell'Artico, finirono per rendere i rimpiazzi ad Alessandria problematici.

Per un anno e mezzo la Mediterranean Fleet sarà ridotta ad operare con una sola divisione d'incrociatori leggeri (15ª); e sebbene tenacemente l'Ammiragliato britannico continuasse a pianificare tentativi, più o meno riusciti, per raggiungere l'assediata isola di Malta, che veniva giornalmente martellata dai velivoli tedeschi del 2° Corpo Aereo (II Fliegerkorps), trascorsero dei mesi prima che i britannici fossero abbastanza forti per insidiare nuovamente le rotte marittime dell'Asse con la Libia.

Di questa sfavorevole situazione britannica, la Regia Marina, che disponeva di sei corazzate efficienti e undici incrociatori, per la sua prudenza operativa non seppe approfittarne. Mai una volta, nel corso degli anni 1942 – 1943, una unità italiana di superficie si spinse nelle acque nemiche della Cirenaica e dell'Egitto per contrastare le operazioni britanniche, o per la ricerca di navi da affondare. Quella zona continuò ad essere insidiata con altri notevoli successi dai sommergibili tedeschi, e tranne qualche eccezione, anche da alcuni sommergibili italiani, ma che operarono nel Mar del Levante. Le missioni che portarono a scarsi successi, rappresentati dall'affondamento della petroliera turca *Antares* e del motoveliero greco *Zoodochos Pighi*, ad opera dell'*Alagi* e del *Galatea*, portarono però nell'estate del 1942 alla dolorosa perdita dei sommergibili *Ondina* e *Sciré*.

Gli ultimi U-boote trasferiti in Mediterraneo e le operazioni del gennaio 1942

Tornando ad occuparci dei sommergibili tedeschi, il 2 gennaio 1942 il Comando della Marina Germanica in Italia portò a conoscenza di Supermarina che sarebbero stati inviati nel Mediterraneo ancora due o tre sommergibili, dopo di ché, fino a nuovo ordine, era escluso il trasferimento di altri sommergibili in questo mare. Il punto di gravità delle operazioni sarebbe stato ancora rivolto ad oriente, mentre nel Mediterraneo occidentale non dovevano essere dislocati di volta in volta più di due o tre sommergibili. Altri tre dovevano restare ad occidente di Gibilterra, ma il loro spostamento in direzione delle Isole Azzorre rimaneva facoltativo. Scrisse al proposito l'ammiraglio Dönitz nel suo Diario di Guerra:

Con questa decisione è, dunque da prevedersi la fine dei trasferimenti di sommergibili nel Mediterraneo e quindi la ripresa delle azioni di guerra nell'Atlantico, che da buoni due mesi erano cessate in gran parte e da sei settimane quasi completamente.

Il 13 gennaio l'ammiraglio Weichold, con la lettera del Comando Marina Germanica in Italia Gkdos 13.1.42, portò a conoscenza di Supermarina che, dopo la perdita di quattro sommergibili, ne rimanevano nel Mediterraneo un totale di venti, mentre il numero originariamente previsto di trentasei sommergibili, con trasferimento già iniziato, e tutt'ora in corso di tre battelli, non sarebbe stato raggiunto. Ciò perché la SKL si era convinta che al momento attuale non era necessario completarlo, ed aveva pertanto stabilito provvisoriamente che il numero dei sommergibili nel Mediterraneo sarebbe stato di 23 unità.

A questo punto Weichold passò all'argomento in discussione con la Regia Marina riguardante "*la prospettata collaborazione con l'arma subacquea italiana*", specificando che *"nell'interesse comune, essa non ha avuto finora una pratica applicazione, essendo la organizzazione tedesca per la condotta di guerra dei nostri sommergibili ancora in via di sistemazione"*. Anche perché era stato stabilito negli accordi che i sommergibili delle due marine dovessero opere in zone differenti. Quindi, allo scopo *di arrivare ad una soluzione che potesse garantire una amministrazione economica ed esperta"*, Weichold, proponeva di realizzare nel Mediterraneo una condotta di guerra subacquea uniforme, da raggiungere con una *"stretta collaborazione operativa fra l'arma subacquea e quella aerea e con ciò ad un efficacia comune"*, da realizzare anche con una condotta operativa che riguardasse anche le navi di superficie della flotta italiana.

E facendo un esempio, arrivò a concludere:[71]

Innanzitutto, si dimostra che non è possibile una condotta di guerra dei sommergibile separata. L'attività dei sommergibili nel Mediterraneo è soltanto una parte della condotta di guerra navale totale di tutti i mezzi bellici navali. Anche l'organizzazione della direzione deve tener conto di tale punto di vista.

Si comprende benissimo che intensione dell'ammiraglio Weichold, esprimendo argomenti personali, ma forse anche suggerimenti da Berlino (OKM o SKL), era quella di raggiungere per i sommergibili tedeschi e italiani operanti nel Mediterraneo, un azione di comando unitario, e non separato come era in quel momento, ma evidentemente a guida tedesca. Tuttavia, poiché ognuno era geloso della propria indipendenza, e preferiva manovrare i propri sommergibili secondo le proprie esigenze, nel corso della guerra non si ebbe alcuna variazione operativa. È sintomatico il fatto che, alla lettera di Weichold, non abbiamo rintracciato una risposta scritta di Supermarina.

Soltanto il 3 febbraio Weichold trasmise a Supermarina la notizia che dal 27 febbraio i sommergibili tedeschi delle due flottiglie del Mediterraneo avevano un nuovo comandante, nella persona del capitano di vascello Kreisch, senza neppure far conoscere il suo nome.

Gli ultimi due sommergibili tedeschi a transitare per lo Stretto di Gibilterra, entrando dall'Atlantico nel Mediterraneo nelle notti di luna nuova del 14 e 15 gennaio furono l'*U-73* e l'*U-561*. Il sommergibile *U-572* che li seguiva il giorno 18 interruppe il tentativo per decisione del suo comandante, tenente di vascello Heinz Hirsacker, che era rimasto immerso presso lo Stretto di Gibilterra, temendo le difese del nemico. Rientrato alla base il comandante Hirsacker si giustificò sostenendo che in un attacco di mezzi antisom del nemico il suo sommergibile era stato danneggiato e non poteva continuare per il Mediterraneo, ma il suo secondo ufficiale lo accuso di vigliaccheria. Processato e giudicato colpevole *"di vigliaccheria di fronte al nemico"*, Hirsacker si suicidò il 24 aprile 1943. L'*U-572* continuò ad operare in Atlantico fino all'affondamento al largo di Trinidat, da parte di un aereo Catalina della 205ª Squadriglia della Marina statunitense, il 3 agosto 1943.

Dopo l'entrata in Mediterraneo dell'*U-73* e dell'*U-561* soltanto nei primi tre giorni di ottobre 1942, quando si profilava la minaccia di uno sbarco nemico in Marocco e Algeria, e occorreva rinforzare i sommergibili nel Mediterraneo (scesi a tredici dopo le

---

[71] AUSMM, *Le basi attuali della condotta di guerra dei sommergibili nel Mediterraneo e le intenzioni del Comando Germanico della Marina per il loro impiego.*

perdite nel frattempo riportate), furono trasferiti dall'Atlantico i primi quattro battelli (*U-458*, U-605, *U-660, U-593)* a cui ne seguito altri dieci nel corso dei mesi di novembre e dicembre.[72]

U-73 in agosto 1943 a La Spezia. Sullo sfondo l'incrociatore *Bolzano* in riparazione per il siluramento subito il 13 agosto 1942 presso l'isola Panarea ad opera del sommergibile britannico *Unbroken*.

Nel frattempo, nel mese di gennaio. i sommergibili tedeschi avevano conseguito nel Mediterraneo due altri importanti successi contro il naviglio da guerra britannico, silurando due grossi cacciatorpediniere di squadra. Il primo fu il *Kimberley* (capitano di fregata J.S.M. Richardson), che colpito il giorno 12 presso Tobruk da un siluro dell'*U-77* (tenente di vascello Heinrich Schonder), ebbe asportata l'intera prora. Sommariamente riparato ad Alessandria ultimò i lavori a Bombay per poi rientrare in servizio nel gennaio 1944. Il 15 agosto di quell'anno il Primo Ministro britannico Winston Churchill, sul ponte di comando del *Kinberley* assistette allo sbarco degli Alleati nella Francia meridionale.

---

[72] Per le operazioni dei sommergibili tedeschi nel corso dello sbarco degli anglo-americani in Marocvo e Algeri, iniziato l'8 novembre 1942, consiglio il mio esaustivo Saggio, nella Collana Sism e in Academia Edu, *I Sommergibili dell'Asse e l'Operazione "Torch"Novembre 1992*.

Il cacciatorpediniere britannico *Kimberley* mentre naviga a grande velocità.

La torretta in affioramento. dell'*U-77* che silurò il cacciatorpediniere *Kingston*.

Durante lo sbarco nella Francia Meridionale del 15 agosto 1944, il Primo Ministro britannico Winston Churchill, ultimo da sinistra, sul ponte di comando del cacciatorpediniere *Kinberley*. Sotto saluta li'equipaggio di un'altra nave con io berretto in mano.

Il secondo cacciatorpediniere ad essere silurato fu il *Gurkha II*, che partecipava all'operazione "MF.3". Assieme ai cacciatorpediniere *Isaac Sweers* (olandese), *Legion* e

Maori, il *Gurkha* salpò da Alessandria il 16 gennaio 1942, scortando il convoglio WB.8B, diretto a Malta e costituito dai piroscafi *City of Calcutta* e *Clan Fergusson*. Poco tempo prima era uscito, sempre da Alessandria e con la medesima destinazione, il convoglio WB.8A, anch'esso costituito da due piroscafi (*Ajax* e *Thermopylae*), e che si avvaleva della scorta dell'incrociatore contraereo *Carlisle* e dei cacciatorpediniere *Arrow*, *Griffin*, *Hasty* e *Hero*. Per la protezione di questi due convogli, che poi si sarebbero uniti in una sola formazione, furono destinate le unità della 15ª Divisione della Mediterranean Fleet, costituita dagli incrociatori *Naiad* [contrammiraglio Philip Vian), *Dido* e *Euryalus* e dai cacciatorpediniere *Kelvin*, *Kipling*, *Havock*, *Foxhound* e *Hotspur*. La navigazione di queste navi sarebbe stata funestata dall'affondamento del cacciatorpediniere *Gurkha*, per opera di un sommergibile tedesco, e l'indomani, 18 gennaio, del piroscafo *Termopylae*, che fu centrato e calato a picco dalle bombe di un isolato velivolo Ju 88 del 1° Gruppo del 1° Stormo Sperimentale (I./LG.1) mentre transitava a sud di Creta.

L'affondamento del *Gurkha* ebbe il seguente svolgimento. Nelle prime ore del mattino del 17 gennaio, trovandosi la formazione britannica a nord di Sidi el Barrani, si verificò l'attacco del sommergibile *U-133* (tenente di vascello Hermann Hesse), che alle 07.35, trovandosi in lat. 31°56'N, long. 26°10'E (quadrato CO 9214) lanciò i siluri contro il piroscafo *City of Calcutta*, mancandolo.

Il piroscafo britannico *City of Calcutta*, che il 17 gennaio fu attaccato senza successo dal sommergibile tedesco *U-133*. L'immagine è del 1940.

Tuttavia, uno dei siluri, continuando la corsa, andò a colpire a poppa il *Gurkha* (capitano di fregata Charles Nugent Lentaigne). Le condizioni del cacciatorpediniere apparvero subito disperate e l'incolumità dell'equipaggio resa drammatica a causa della nafta, fuoriuscita dai depositi, che prese fuoco.

Bella immagine del cacciatorpediniere *Gurkha II* della efficientissima classe "L" ("Laforey").

Con notevole abilità, e grande spirito di sacrificio, il cacciatorpediniere olandese *Isaac Sweers* (capitano di fregata Willem Harmsen) raggiunse la nave pericolante, la rimorchiò lontano dalla nafta in fiamme, e prima che affondasse, il lat. 31°50'N, long. 26°15'E, riuscì a salvare quasi tutto l'equipaggio composto di 240 uomini, trasportandolo a Tobruk. L'unità olandese riprese subito dopo il mare per raggiungere, alle ore 02.00 del 18 gennaio, il convoglio WB.8, che prima di arrivare a Malta fu attaccato da sette bombardieri Ju 88 del 2° Gruppo del 1° Stormo Sperimentale (II./LG.1), che con colpì vicino procurarono leggeri danni all'incrociatore *Naiad*, e da quindici He 111 del 2° Gruppo del 26° Stormo Bombardamento (II./KG.26), che invece non ottennero alcun successo. Entrambi i reparti tedeschi, decollati da aeroporti della Grecia e di Creta, appartenevano al X Fliegerkorps. Riguardo alle perdite del *Gurkha* rimasero uccisi dieci uomini, tra cui cinque ufficiali.[73]

---

[73] Per saperne di più sull'operazione "MF.3", vedi Francesco Mattesini, *La Marina Italiana nel contrasto all'operazione britannica M.F.5, 13 – 15 febbraio 1942*, in Bollettino d'Archivio dell'Ufficio Storico della Marina Militare, marzo – giugno 2010.

Sopra, il cacciatorpediniere *Gurkha II*, colpito da un siluro dell'*U-133* e drammaticamente in fiamme, ripreso dal cacciatorpediniere olandese *Isaac Sweers* che si sta avvicinando per salvare l'equipaggio. Sotto, l'estensione dell'incendio sul *Gurkha II*, mentre gli uomini dell'equipaggio si ammassano a prua per essere raccolti dall' *Isaac Sweers*.

Superstiti del *Gurkha II* si accostano al cacciatorpediniere *Isaac Sweers* per essere raccolti.

Il sommergibile *U-133* accolto alla base di Salamina mentre una banda militare suona un inno, come di consueto per l'arrivo dalle missioni dei sommergibili tedeschi.

Sempre a Salamina, gli ufficiali dell'*U-133* con al centro, con il berretto bianco, il comandante del sommergibile tenente di vascello Hermann Hesse.

Dopo l'attacco l'*U-133* fu ricercato e sottoposto al lancio di bombe di profondità dal cacciatorpediniere *Maori* (capitano di corvetta Rafe Edward Courage), ma riportò soltanto qualche danno leggero.

Il terzo successo dei sommergibili tedeschi nel mese di gennaio fu conseguito dall'*U-431* (tenente di vascello Wilhelm Dommes), che la sera del giorno 29 attaccò a nord-est di Bardia il convoglio TA.21 partito da Tobruk e diretto ad Alessandria, costituito da due piroscafi, il greco *Flora Nomikos* e il britannico *Elphis*, scortati dalla corvetta *Gloxinia*, dalla nave scorta *Vikings* e dal trawler *Sotra*. L'*U 431*, che si trovava di base a La Spezia presso la 29ª Squadriglia Sommergibili, alle 21.46 lanciò un siluro, e il *Sotra* (sottotenente di vascello Frederick Roy Linfield), di 313 tsl, adibito a compiti di dragaggio, fu colpito in pieno e affondò in lat. 32°07'N, long. 25°30'E, a circa 80 miglia ad est di Tobruk. Morirono i 22 uomini dell'intero equipaggio, 6 dei quali norvegesi. Dopo l'attacco al *Sotra* l'*U 431* fu contrattaccato con le bombe di profondità dalle altre unità di scorta, ma non riportò danni. Il convoglio AT.21 proseguì la navigazione arrivando ad Alessandria il giorno 31.

Il trawler armato britannico *Sotra* che fu silurato e affondato dall'*U-431*.

Sempre nel mese di gennaio si ebbero altri due attacchi da parte dei sommergibili tedeschi: quello dell'*U-205* (Franz-Georg Reschke), che il giorno 16 ritenne di aver colpito e danneggiato un piroscafo di 8.000 tonnellate; e quello dell'*375* (Jürgen Könenkamp), che il giorno 31 sostenne, erroneamente di aver colpito un cacciatorpediniere.

Tuttavia, anche le perdite tedesche generarono preoccupazione, perché non rientrarono alle basi due sommergibili operanti nel Mediterraneo orientale.

L'*U-374* (sottotenente di vascello Unno von Fischel) il 10 gennaio 1942 fu attaccato dal cacciatorpediniere britannico *Legion* (capitano di fregata Richard Frederick Jessel) e dall'olandese *Isaac Sweers* (capitano di fregata Willem Harmsen), che gli dettero caccia con le bombe di profondità. Riuscito a sfuggire alla caccia, l'*U-374* aveva riportato danni talmente gravi da non potersi immergere. Due giorni più tardi mentre dirigeva per Messina, trovandosi a sud-ovest di Capo Spartivento calabro, fu avvistato ed attaccato dal sommergibile britannico *Unbeanten* (capitano di corvetta Edward Arthur Woodwards), della 10ª Flottiglia di Malta. Il comandante del sommergibile britannico, stando in agguato in immersione a sud dello Stretto di Messina, alle 10.15 aveva avvistato al periscopio l'U-boote, alla distanza di 1.800 yards (1.646 metri), e alle 10.23, dalla distanza di 1.300 yard (1.190 metri), aveva lanciato una salva di quattro siluri, uno dei quali aveva colpito l'*U-374* che fu visto affondare rapidamente. Quindi portato in superficie l'*Unbeaten*, il comandante Woodwards aveva avvistato e recuperato l'unico superstite di un equipaggio di 42 uomini, il marinaio Hans Ploch che al momento del siluramento era di guardia in torretta.

La torretta e gli uomidi di guardia dell'*U-374*. A sinistra vi è il comandante del sommergibile sottotenente di vascello Unno von Fischel.

Il sommergibile britannico *Unbeaten* che silurò e affondo l'*U-374*.

L'*U-577* (capitano di corvetta Herbert Schauenburg), fu invece affondato con i suoi 43 uomini dell'equipaggio il 15 gennaio a nord-ovest di Marsa Matruh dalle bombe di profondità di un velivolo Swordfish dell'815° Squadron dell'Aviazione Navale britannica, decollato dall'Egitto. Precedentemente il sommergibile era stato considerato affondato il 9 gennaio dalle bombe di un velivolo idrovolante Sunderland del 230° Squadron, che però ricerche più recenti anno appurato che in realtà l'attacco dell'aereo era avvenuto presso Sidi el Barrani contro l'*U-568* (tenente di vascello Joachim Preuss) che riportò soltanto lievi danni.[74]

---

[74] Per gli affondamenti dei sommergibili, come dei loro successi, mi sono valso delle notizie riportate, in una lodevole attività di ricerca, dagli amministratori e collaboratori del sito uboat.net. * L'*U-568* (tenente di vascello Johchim Preuss) attaccando il 17 ottobre 1941 il convoglio SC.48 a sud dell'Islanda aveva colpito con un siluro, danneggiandolo, il cacciatorpediniere statunitense *Kearny* (capitano di corvetta Anthony L. Danis), generando le recriminazioni del Governo Americano ancora neutrale, ma che aiutava spudoratamente la Gran Bretagna, arrivando a scortare le sue navi e ha segnalare le posizioni dei sommergibili tedeschi avvistati dai suoi aerei. Anche la corazzata tedesca *Bismarck* fu raggiunta e affondata il 27 maggio 1941 dalle corazzate della Home Fleet *King George V* e *Rodney* dopo che la sua posizione era stata segnalata da un idrovolante Catalina statunitense.

L'*U-568* e il suo equipaggio. Il centro il comandante, tenente di vascello Joachim Preuss.

Uno Swordfish in versione moderna dell'815° Squadron FAA, armato con siluro.

L'ultimo attacco del mese di marzo fu realizzato il gioro 31 dal sommergibile *U-375* (tenente di vascello Jürgen Konenkamp), e avvenne alle ore 0044 nel quadrato CO 9373 (a nord di Bardia) contro un cacciatorpediniere senza riuscire a colpirlo.

Le operazioni degli U-boote nel mese di marzo 1942 e la battaglia navale della Seconda Sirte

Ma i successi dei sommergibili tedeschi nel Mediterraneo orientale, che nel corso del mese di febbraio 1942, nonostante vari attacchi effettuati dall'*U-431*, *U-73*, *U-561*, *U-652*, *U-83*, *U-331*, *U-81*, *U-559* e *U-562* che, a differenza di quanto sostenuto dai comandanti (4 navi affondate e 9 danneggiate), non avevano ottenuto alcun risultato, gli U-boote ebbero invece successo contro le unità della Mediterranean Fleet nel corso del successivo mese di marzo 1942.

Alle ore 04.00 del 10 marzo, per intercettare un incrociatore italiano del tipo "Garibaldi" erroneamente segnalato danneggiato da attacco aereo della RAF a nord della Cirenaica, salpò da Alessandria la 15ª Divisione Incrociatori del contrammiraglio Philip Vian. Facevano parte della formazione gli incrociatori del tipo "Dido" *Naiad* (nave ammiraglia), *Dido* ed *Euryalus* e i cacciatorpediniere *Jervis*, *Kipling*, *Kelvin*, *Lively*, *Sikh*, *Zulu*, *Hasty*, *Havock* ed *Hero*. Spostandosi verso ponente, nel tratto di mare tra l'isola di Creta e la costa della Cirenaica, la formazione navale britannica fu avvistata da ricognitori tedeschi, e attaccata nel pomeriggio da ventidue bombardieri Ju. 88 del 1° e 2° Gruppo del 1° Stormo Sperimentale (I. e II./LG.1) del X Fliegerkorps decollati da Creta, e in due occasioni da quattro S. 79 del 41° Gruppo decollati da Rodi, ripartiti in due sezioni, i cui equipaggi, al comando del tenente colonnello Ettorte Muti, con il consueto ottimismo, sostennero di aver colpito ben tre incrociatori, uno dei quali da ritenersi affondato. Anche gli aerei tedeschi non ottennero alcun risultato, anche perché, come accaduto per gli aerosiluranti italiani, furono contrastati efficacemente dai velivoli da caccia di scorta a lungo raggio Beaufighter del 252° Squadron della RAF, e dal fuoco contraereo delle navi. Non rientrò alla base uno dei due Ju.88 della Squadriglia 12./LG.1, che parteciparono all'attacco decollando da Derna, intercettati in mare da quattro caccia britannici Tomahawk (P.40) del 5° Squadron sudafricano.

Dopo aver invertito la rotta per rientrare a Gibilterra, il *Naiad* (capitano di vascello Guy Grantham), di 5.450 tonnellate, venne attaccato nella tarda serata dell'11 marzo 1942 dal sommergibile tedesco *U-565* (tenente di vascello Johann Jebsen), che si trovava in agguato a circa 50 miglia al largo della costa egiziana, fra Marsa Matruh e Sollum. Il *Naiad* fu colpito, alle ore 20.05, sul fianco destro e a metà scafo da un siluro, che fece allagare rapidamente la sala macchine e immobilizzo la nave, che assunse uno sbandamento di 10 gradi. Le misure di contro allagamento risultarono inadeguate, e il *Naiad*, con lo sbandamento che andò aumentando sempre più velocemente, affondò capovolgendosi nello spazio di trentacinque minuti, in lat. 32°00'N, long. 26°19'E, con la perdita di 82 uomini dell'equipaggio (altra fonte indica 86). I cacciatorpediniere *Kipling*, *Jervis* e *Lively* recuperarono i 582 superstiti, inclusi il comandante della nave e quello della 15ª Divisione Incrociatori, contrammiraglio Vian.

L'incrociatore *Naiad*, della classe "Dido", mimetizzato a Firth of Forth nell'agosto 1940.

Dettagli pittorici della mimetizzazione del *Najad*.

11 marzo 1940. Superstiti del *Naiad* raccolti dal cacciatorpediniere *Jervis*, unità comando della 14ª Flottiglia della Mediterranean Fleet.

All'arrivo ad Alessandria un sacerdote sale a bordo del cacciatorpediniere *Jervis* ad Alessandria, per una cerimonia funebre ai caduti dell'incrociatore *Naiad*.

A sinistra: il sommergibile tedesco *U 565*, che affondò l'incrociatore britannico *Naiad*, al rientro alla base di Salamina da una vittoriosa missione di guerra: a destra il comandante dell'*U 565* tenente di vascello Johann Jebsen. Nella sua attività di guerra tra l'11 marzo 1942 e il 20 aprile 1943 l'U-565 affondò 5 navi per 18.337 tonnellate, tra cui l'incrociatore *Naiad* e il cacciatorpediniere *Partridge*, entrambi britannici, e danneggio altre 2 navi per 17.565 tonnellate.

Quattro giorni più tardi si verificò la perdita accidentale del sommergibile *U-133* (sottotenente di vascello Eberhard Mhor), salpato alle 17.00 del 14 marzo dal porto di Salamina per missione. Come affermò il Comandante della 23ª Flottiglia, tenente di vascello Fritz Frauenheim, due ore dopo la partenza l'*U-133* finì su uno sbarramento minato tedesco posto a difesa del porto di Salamina presso l'Isola Aegina e, spezzandosi in due tronconi, si inabissò in pochi secondi, con l'intero equipaggio di 45 uomini. Fu rintracciato da sommozzatori greci nel 1986 nella posizione lat. 37°50'N, long. 23°35'E, in un punto dove la profondità del mare è di 74 metri.

Lo scafo dell'*U-133* presso l'Isola Aegina, a 74 metri di profondità.

Nei giorni 13 e 14 marzo si ebbero gli unici l'unici due affondamenti di navi effettuati da sommergibili italiani. Il primo riguardò il motoveliero da trasporto greco *Zoodochos Pighi*, di 170 tsl, usato dai britannici come nave ausiliaria, che con a bordo un carico di benzina fu avvistato e attaccato in superficie dal sommergibile *Galatea*, comandato dal tenente di vascello Mario Baroglio, che assieme all'*Ametista* era stato inviato nelle acque del Mar del Levante, presso le coste della Siria e della Palestina. L'azione avvenne nei pressi di Beirut. Il *Galatea* dopo aver cannoneggiato il motoveliero, costringendo l'equipaggio ad abbandonarlo a bordo di una scialuppa, si avvicinò allo *Zoodochos Pighi* e alcuni uomini saliti a bordo della piccola nave l'affondarono piazzando e facendo brillare una carica esplosiva. Nel frattempo, era stata avvistata nella zona una unità di scorta che sembrava stesse ricercando il sommergibile. Il comandante Baroglio si avvicinò e lancio un siluro che però falli l'obiettivo, per poi disimpegnarsi in immersione.

Il sommergibile italiano *Galatea* al momento del varo a Monfalcone il 5 ottobre 1933.

Il *Galatea*. L'immagine è del 1947 quando il sommergibile si trovava in disarmo. Fu poi smantellato in seguito al trattato di pace di Parigi di quello stesso anno.

Il successivo secondo affondamento fu conseguito l'indomani 14 marzo dal *Lazzaro Mocenigo*, uno dei sommergibili oceanici rientrati dall'Atlantico, e che era al comando del capitano di corvetta Paolo Monechi. L'attacco, a seguito di un inseguimento durato varie ore, avvenne alle 20.56 a 25 miglia da Capo Carbon, presso Bougie (Algeria), e per errore di riconoscimento si verificò contro il neutrale piroscafo *Sainte Marcelle* (ex norvegese *Vigør*), di 1.518 tsl., che trovandosi nel giugno 1940 a Casablanca era stato noleggiato dalla Francia e gestito dall'agosto 1941 dall'armatore Daher & Cie di Marsiglia. Il piroscafo, dal settembre, veniva impiagato per trasportare nel Nord Africa Francese carichi bellici tedeschi da trasferire in Libia, dove operava l'Afrika Korps. Per il carico che aveva a bordo e la sua destinazione, con partenza da Marsiglia ed arrivo a Tunisi, il Governo di Vichy ritenne che il *Sainte Marcelle*, colpito da un siluro, fosse stato affondato intenzionalmente da un sommergibile britannico, e su questa motivazione vietò alle navi francesi di continuare ad esercitare quell'illecito traffico in favore dei tedeschi, quando, anche in seguito ad accordi segreti presi anche con gli italiani, erano già state trasportate in Tunisia e trasferite in Libia 3.000 tonnellate di viveri e 78 autocarri.

Il piroscafo norvegese *Vigør*, poi francese *Sainte Marcelle*, che fu affondato dal sommergibile *Mocenigo*.

Occorre dire che il comandante Monechi, a causa della presenza di un solo fumaiolo verso poppa scambio il *Sainte Marcelle* per una petroliera di circa 5.000 tonnellate che navigava *"senza i prescritti contrassegni di riconoscimento"*, non era stato avvertito da Maricosom del passaggio del piroscafo *Saint Marcelle* nella sua zona di agguato[75] Comunque il Governo italiano e la Regia Marina, subito resi conto dell'errore commesso dal *Mocenigo*, si guardarono ben dal dichiarare che l'affondamento del *Saint Marcelle*, del cui equipaggio decedettero 8 uomini, era da assegnare ad un sommergibile italiano, e il Comando Supremo evitò di segnalare l'avvenimento nel Bollettino di Guerra.

---

[75] Marcello Bertini, *I sommergibili in Mediterraneo*, Tomo II, USMM, Roma, 1968, p. 16-17.

Il sommergibile *Mocenigo* durante l'allestimento a Monfalcone.

Il sommergibile *Mocenigo* dopo la modifica a Bordeaux che riguardò in particolare l'abbassamento delle camicie dei periscopi.

La torretta e i cannoni del *Mocenigo* visti da distanza più ravvicinata.

Tornando ai sommergibili tedeschi, nella tarda serata del 17 marzo, alle 23.03, l'U-83 (tenente di vascello Hans-Werner Kraus), attaccò il convoglio AT.34 a circa 45 miglia a nordest di Tobruk, lanciando in successione tre siluri contro un piroscafo, senza riuscire a colpirlo. Il sommergibile ripeté l'attacco alle 23.17 lanciando un siluro che raggiunse e danneggiò gravemente la petroliera britannica *Crista* (capitano William Blackstone), di 2.590 tsl, salpata il giorno precedente da Alessandria e diretta a Tobruk con un carico di 2.100 tonnellate di carburanti. Il siluro esplose sul lato destro all'altezza dell'albero maestro, e la petroliera si incendio immediatamente. L'esplosione aprì un foro nello scafo largo 9 metri, distruggendo la sovrastruttura, ma senza colpire la sala macchine. Dei 39 uomini dell'equipaggio (10 britannici e 25 egiziani e 4 cannonieri), 7 decedettero nell'abbandonare la nave su una delle tre scialuppe di salvataggio che, calate in mare assieme a due zattere, si rovesciò tra la benzina in fiamme che fuoriusciva dalla *Crista*. I superstiti furono recuperati un'ora più tardi dal trawler sudafricano *Boksburg* (meno 4 indiani che si trovavano su una zattera che non fu ritrovata), e sbarcati a Tobruk. La petroliera Crista dopo essere stata abbandonata continuò a bruciare e il giorno seguente fu avvistata dalla motosilurante britannica *MTB-266* (tenente di vascello R.R. Smith) che la rimorchiò al largo di Bardia portandola nella baia di Sollum, dove gli incendi furono spenti. Successivamente trainata dal rimorchiatore *St.Monance* e scortata dal trawler *Southern Isle* e dalle motolance *ML-1005* e *ML-1069*, il 28 marzo fu portata ad Alessandria, per poi essere riparata e rimessa in servizio nell'agosto 1943.

Due immagini della petroliera britannica *Crista* che fu danneggiata da un siluro lanciato dall'*U-83*.

Nella stessa zona dell'attacco alla *Crista* un primo successo della sua missione, iniziata il 18 marzo con partenza da Salamina, conseguì il sommergibile *U-652*, e ciò avvenne nel corso dell'operazione britannica "MG.1", la scorta al convoglio MW.10, salpato da Alessandria con destinazione Malta. La partenza del convoglio era stata proceduta, nella notte del 19 marzo, dai cacciatorpediniere di scorta della 5ª Flottiglia

Heythrop, Southwold, Beaufort, Dulverton, Hurworth, Avon Vale e *Erige*, l'*Heythrop* partiti da Alessandria per partecipare ad una missione antisommergibili d'avanti alla rotta dell'MW.10. Il compito dei sette cacciatorpediniere della classe "Hunt" era quello di svolgere un rastrello antisom lungo il tratto di mare fino all'altezza di Tobruk, a proravia del convoglio, che era costituito da quattro navi mercantili (*Breconshire, Clan Campbell, Pampas* e *Talabot*), scortate da un complesso di quattro incrociatori (*Cleopatra, Dido, Euryalus* e *Carlisle*) e dieci cacciatorpediniere (*Sikh, Zulu, Lively, Hero, Havock, Hasty, Jervis, Kelvin, Kingston, Kipling*).

Alle ore 11.15 del 20 marzo, trovandosi in lat. 33°22'N, long. 25°28'E, a circa 60 miglia a nord-nord-ovest di Sollum, l'*Heythrop* (capitano di corvetta Robert Sydney Stafford) fu colpito da un siluro lanciato dal sommergibile tedesco *U-652* (tenente di vascello Georg-Werner Fraatz) e rimase immobilizzato, con la sala macchine allagata. Dopo un tentativo di rimorchio verso Tobruk da parte dell'*Eridge* (capitano di corvetta W.F.N. Gregory Smith), gli allagamenti si estesero nei vari compartimenti e l'*Heythrop*, abbandonato dall'equipaggio, affondò verso le 16.00 in lat. 32°13'N, long. 25°33'E, dopo che il *Dulverton* (capitano di corvetta W.N. Petch) gli aveva dato il colpo di grazia. Le perdite umane furono di sedici marinai, tra morti e dispersi.

I restanti cacciatorpediniere di scorta, rientrati a Tobruk per rifornirsi, raggiunsero il convoglio M.W. 10 alle 09.40 del 21 marzo.

Il cacciatorpediniere di scorta britannico *Heythrop*.

Non appena i comandi dell'Asse furono avvertiti che un grosso convoglio britannico stava dirigendo verso Malta, fu subito provveduto ad organizzare il contrasto aeronavale. Ciò si realizzò inviando in agguato sommergibili a nord della Cirenaica e a levante di Malta, approntando le forze aeree in tutto il Mediterraneo centro orientale, e disponendo che un nucleo della flotta italiana – con la corazzata *Littorio* (ammiraglio

Iachino), due incrociatori pesanti *(Gorizia e Trento)*, un incrociatore leggero *(Bande Nere)* e dieci cacciatorpediniere *(Alpino, Fuciliere, Bersagliere Lanciere, Aviere, Grecale, Oriani, Ascari, Geniere* e lo *Scirocco)* – uscisse da Taranto e da Messina per intercettare il convoglio nel Golfo della Sirte.[76]

La manovra riuscì pienamente, ma i risultati non furono quelli che i comandi della Regia Marina si aspettavano. Il combattimento navale si svolse nel pomeriggio del 22 marzo, contemporaneamente agli attacchi in massa dell'aviazione italo-tedesca, i cui risultati furono però insignificanti a causa del maltempo che imperversava in tutta la zona del basso Ionio. Anche le perdite furono limitate ad un solo velivolo tedesco Ju. 88, con il quale però decedette il Comandante del 77° Stormo Bombardamento (KG. 77), maggiore Arved Cruger, mentre da parte italiana non rientrarono alla base tre aerosiluranti S. 79 del 130° Gruppo, che era stato trasferito in Sicilia dalla Sardegna.

Il mare molto grosso contribuì poi a limitare la manovra delle navi italiane, ed agevolò, nell'opera difensiva, quella delle unità britanniche. Queste, essendo state rinforzate con l'incrociatore *Penelope* e con il cacciatorpediniere *Legion* della Forza K provenienti dalla Valletta, seppero sfruttare al meglio le possibilità di occultamento offerte dalle cortine di nebbia stese dalle navi di scorta. L'incapacità dell'ammiraglio Iachino di adattarsi ad una situazione tattica che imponeva, per avere successo, di aggirare il nemico, tagliando al convoglio la rotta per Malta, fece il resto. Dopo aver ordinato all'ammiraglio Parona, che comandava gli incrociatori del gruppo di avanguardia, giunti per primi a contatto con il nemico, di ripiegare sulla corazzata *Littorio* che si trovava arretrata di parecchie miglia – mentre invece si sarebbe guadagnato tempo mantenendo il contatto balistico con gli incrociatori pesanti che non avevano certamente bisogno del sostegno della nave da battaglia – Iachino si trovò poi impantanato in un combattimento in cui l'inferiore nemico si limitava a difendersi per non allontanarsi dal convoglio che stava proteggendo, e ancora una volta non seppe approfittarne.

Il combattimento si chiuse, dopo parecchie scaramucce derivate dai contrattacchi delle divisioni dei cacciatorpediniere britannici, sostenuti di volta in volta dagli incrociatori leggeri, con manovre che si sviluppavano ogni qual volta le navi italiane tentavano di stringere le distanze. Infatti, l'incertezza della manovra delle navi italiane, ed il netto successo difensivo britannico, che impedì ai più forti avversari di avvicinarsi a distanza utile ai piroscafi del convoglio MW.10, permise a quest'ultimo di proseguire, intatto, nella sua rotta verso Malta, limitando i danni più gravi, riportati dalle unità della scorta, al danneggiamento dell'incrociatore *Cleopatra* e dei cacciatorpediniere di squadra *Havock, Lively* e *Kingston*.

Da parte italiana i danni causati dal tiro nemico furono praticamente inesistenti, perché limitati alle avarie superficiali determinate da un proietto da 133 millimetri dell'*Euryalus* che si frantumò sul ponte della *Littorio*. Gravi risultarono, invece, i danni causati alle unità navali, che stavano rientrando a Taranto, dal mare di poppa eccezionalmente grosso, dal momento che il 23 marzo si verificò l'affondamento dei

---

[76] Anche tre sommergibili tedeschi (*U-431, U-205, U-73*, che si trovavano in mare a sudovest di Creta, ricevettero l'ordine di raggiungere i punti di agguato a nordovest della Cirenaica, e di mantenersi, in una zona a levante del 19° meridiano est, senza interferire con le forze navali italiane, per evitare errori di riconoscimento. Essi ebbero inizialmente assegnate le seguenti posizioni: *U-431* lat. 35°1'N, long 19°54'E; *U-204* lat. 33°30'N, long. 22°42'E, *U-73* 34°40'N, long. 21°50'E.

cacciatorpediniere *Lanciere* e *Scirocco*, mentre per infiltrazioni d'acqua gravi danni riportò l'incrociatore *Trento* e la stessa gigantesca corazzata *Littorio* (41.000 tonn.) a cui si allagarono, evidentemente per difetti di costruzione già dimostrati in altre occasioni, le torri di grosso calibro.

Ma, se le unità navali italiane, dopo il sospeso combattimento, erano venute a trovarsi a mal partito per le condizioni atmosferiche – evento che determinò nel deluso campo tedesco duri sarcasmi e il coniato appellativo di *"flotta del bel tempo"* – i britannici ebbero poco tempo per gioire del successo conseguito. Il combattimento navale, costringendo il convoglio a cambiare rotta verso sud e rallentare la marcia delle navi, ebbe almeno il merito di far sì che l'indomani, 23 marzo, esso si trovasse ancora lontano dalle acque di Malta, ed esposto, con la luce del giorno, agli attacchi aerei del II Fliegerkorps che si svilupparono, con bombardieri Ju.88 e cacciabombardieri Bf.109, in un crescendo di azioni impressionante. Ne risultò l'affondamento del piroscafo *Clan Campbell* e il grave danneggiamento del cacciatorpediniere *Legion* e della nave ausiliaria *Breconshire*, che furono costretti a gettarsi in costa, dove poi furono affondati nei giorni successivi. La stessa fine subirono, prima di aver potuto realizzare lo scarico di gran parte del carico trasportato, i due soli piroscafi arrivati alla Valletta, il *Pampas* e il *Talabot*, mentre il cacciatorpediniere di scorta *Southwold* affondò a causa di una mina, di uno sbarramento posata davanti all'entrata del porto da motosiluranti tedesche della 3ª Flottiglia.[77]

---

[77] Queste motosiluranti tedesche, armate con due tubi lanciasiluri e con un cannoncino contraereo da 20 mm, essendo state richieste insistentemente dall'ammiraglio Riccardi, raggiunsero il Mediterraneo attraverso i canali della Francia, per essere poi trasferite in Sicilia nel dicembre 1941. Furono poi seguite, sempre su richiesta del Capo di Stato Maggiore della Regia Marina, da otto motodragamine che, anch'essi inizialmente dislocati in Sicilia, andarono a costituire la 6ª Flottiglia. Essendo dotati di ecogoniometro e armati con bombe di profondità, i motodragamine si dimostrarono molto utili nella protezione dei convogli contro i sommergibili britannici, vigilando presso i porti di arrivo e di partenza, Tripoli in particolare. Nel periodo fino al 17 maggio 1942, agendo da Augusta e da Porto Empedocle in gruppi di tre o quattro unità per notte, le motosiluranti posarono nelle acque prospicienti a Malta ben ventiquattro sbarramenti con quasi 600 mine, che poi, fino all'inizio di giugno, portarono all'affondamento, dopo quello del cacciatorpediniere *Southwold*, dei sommergibili britannici *Urge* e *Olympus* e di una decina di unità ausiliarie che erano impiegate per uso locale, in particolare come dragamine ausiliari magnetici. Inoltre, la notte del 10 maggio, le motosiluranti *S-54, S-31 e S-61* immobilizzarono con le mitragliere la motolancia britannica *ML-130*, e prima di affondarla, alcuni uomini saliti a bordo, catturarono carte nautiche che, portate a conoscenza di Supermarina, si dimostratesi poi preziose per conoscere la rotta seguita dai convogli britannici avviati a Malta da Gibilterra e per predisporre l'intervento delle navi di superficie e gli agguati delle unità insidiose, come sarebbe accaduto nelle battaglie di mezzo giugno e di mezzo agosto.

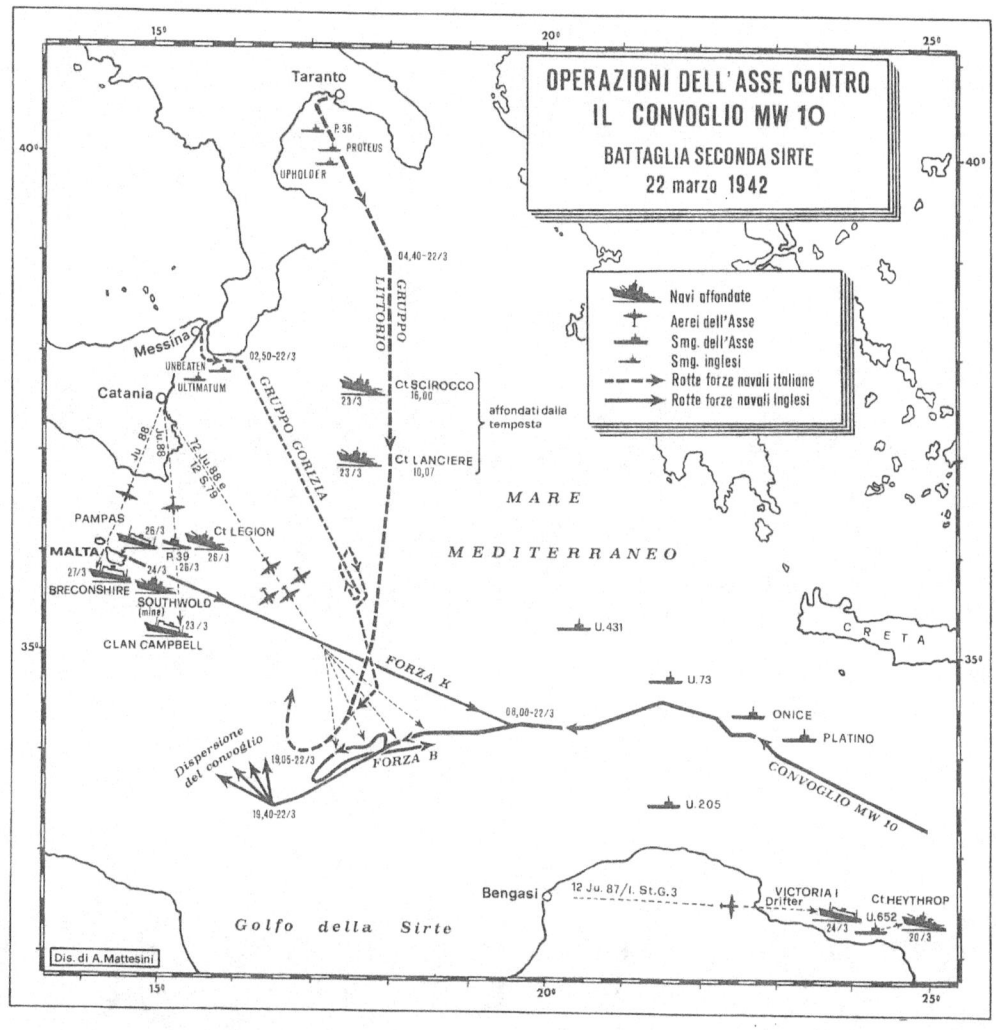

Mentre nelle acque della Sirte e di Malta si svolgevano gli avvenimenti descritti, i sommergibili tedeschi avevano continuato ad agire nelle acque a levante di Tobruk, ottenendo due successi il 26 marzo, nello spazio di poche ore, con l'*U-652* del tenente di vascello Gorge-Werner Fraatz, che sei giorni prima, come abbiamo detto, aveva affondato il cacciatorpediniere di scorta *Heythrop*.

Il primo successo del sommergibile fu conseguito contro la petroliera di squadra britannica *Slavol*, di 2.623 tsl, che il 25 marzo era partita da Alessandria diretta a Tobruk con un carico di nafta destinato ai cacciatorpediniere della 5ª Flottiglia, scortata dai cacciatorpediniere *Jaguar* e *Vasilissa Olga*, quest'ultimo di nazionalità greca. Il mattino del 26 marzo, trovandosi a transitare a circa 25 miglia a nord di Sidi el Barrani, il convoglio, che procedeva alla velocità di 10 miglia, fu avvistato e attaccato dall'*U-652*, che lanciò due siluri G7, uno dei quali alle 04.37 colpì sul fianco sinistro la *Slavol* (capitano Gorge Sydney Perri) che si arrestò. Colpita alle 04.53 da altri due siluri lanciati dal sommergibile la petroliera esplose e affondò a 40 miglia e nord est di Sollum, in lat. 32°01'N, long. 25°55'E.

La cisterna militare britannica *Slavol* che fu affondata dal sommergibile tedesco *U 652*.

Il cacciatorpediniere *Jaguar* (capitano di corvetta Lionel Rupert Knyvet Tyrwhitt), di 1.690 tonnellate, portò soccorso alla petroliera in fiamme, ma mentre si dedicava a soccorrere i naufraghi della *Slavol* dopo il primo siluramento, alle 04.45 era stato a sua volta colpito da due siluri lanciati dall'*U-652*, e incendiandosi affondò istantaneamente, spezzandosi in due tronconi, in lat. 31°53'N, long. 26°18'E, a nord di Sidi el Barrani, con la perdita di 94 uomini, inclusi il comandante Tyrwhitt e due ufficiali.

Il cacciatorpediniere britannico *Jaguar*.

Gennaio 1942. Il *Jaguar* si avvicina al Grand Harbour di Malta precedendo le altre navi di un convoglio partito da Alessandria. L'ultima della fila è la nave ausiliaria *Glengyle*.

Mentre il cacciatorpediniere *Vasilissa Olga* dava caccia al sommergibile, i 53 superstiti del *Jaguar*, inclusi 8 ufficiali, furono recuperati dal *Whaler* antisom (ex greco) *Klo* (tenente di vascello English), che era accorso nella zona del sinistro. Tornato nella zona in cui era avvenuta la tragedia, il *Vassilissa Olga* recuperò 19 dei 26 uomini superstiti dell'equipaggio della petroliera *Slavol*, compreso il comandante Perry. Gli altri 36 uomini decedettero. Tutti i superstiti in serata furono portati ad Alessandria dal *Vasilissa Olga*.

Occorre dire che il siluramento e l'affondamento della petroliera *Slavol* era stato accreditato all'attacco del sommergibile tedesco *U 205*, avvenuto alle 05.10 in lat. 31°50'N, long. 26°26'E. Il comandante del sommergibile, tenente di vascello Gorge-Werner Fraatz, sostenne di aver colpito una petroliera con uno dei quattro siluri lanciati di prora, avendo udito un'esplosione. Ma il ricercatore Eric Zimmerman ha recentemente sostenuto che ciò era impossibile, poiché l'esplosione era avvenuta, dopo un tempo di ben sei minuti dal lancio dei siluri, e la petroliera attaccata navigava in direzione est, che era l'opposta alla rotta ovest seguita dalla *Slavol*.[78]

Da parte nostra occorre dire che l'ora d'attacco dell'*U-205*, alle 05.10 in lat. 31°50'N, long. 26°26'E, é incompatibile con i precedenti orari d'attacco dell'*U-652*, avvenuti (secondo il rapporto telegrafico dell'attacco dei sommergibili portato dal Comando della Marina Germanica in Italia alla conoscenza di Supermarina la sera di quello stesso giorno 26 marzo), in lat. 31°55'N, long. 25°50'E. È quindi da ritenere che la *Slavol* sia stata effettivamente affondata dall'*U-652*, poiché anche la posizione di attacco dell'*U-205* appare per latitudine (26°26'E) troppo spostata verso est.

A sinistra, il sommergibile *U 652* che affondò il cacciatorpediniere *Jaguar*; a destra, il tenente di vascello Franz-Georg Reschke, sulla torretta del suo sommergibile *U 205*.

Conclusione

Nel periodo ottobre 1941 marzo 1942 i sommergibili tedeschi contribuirono indubbiamente a raddrizzare nel Mediterraneo le sorti della guerra navale che volgeva al peggio per le forze dell'Asse. Essi in definitiva inflissero alla Royal Navy e alla Marina mercantile britannica la seguenti perdite: corazzata *Barham*, portaerei *Ark Royal*, incrociatori *Galatea* e *Naiad*, cacciatorpediniere *Gurkha II*, *Heythrop* e *Jaguar*, sloop *Parramatta*, corvetta *Salvia*, trawler *Sotra*, petroliera militare *Slavol* e due grossi mezzi da sbarco per carri armati *LCT-23* e *LCT-7*, oltre a quindici navi mercantili per un totale di 33.248 tsl. Inoltre, danneggiarono il cacciatorpediniere *Kinmgston*, il mezzo da sbarco *LCT-18* e due petroliera. Considerando le navi da guerra e mercantili la 23ª Flottiglia (poi

---

[78] Dal sito *uboat.net*.

sciolta nel maggio 1942 e i suoi battelli assegnati alla 29° Flottiglia l'unica rimasta nel Mediterraneo) conseguì la maggior parte dei successi.[79]

I sommergibili tedeschi entrati nel Mediterraneo perduti furono otto: sei nel bacino orientale, di cui *U-75* e *U-79* affondati da unità di superficie britanniche, *U-374* per attacco di un sommergibile, *U-577* per attacco aereo, *U-557* per fuoco amico, ossia della torpediniera italiana *Orione*, e *U-133* per aver urtato una mina tedesca; due nel bacino occidentale: *U-433* e *U-95* affondati il primo da una corvetta e il secondo da un sommergibile olandese.

A titolo di paragone, spiace a dirlo, i nostri sommergibili (quelli italiani) in un anno e mezzo di guerra avevano affondato in Mediterraneo soltanto due incrociatori leggeri, il piccolo e vecchio *Calypso* e il *Bonaventure* (classe "Dido"), il piccolo incrociatore posamine greco *Helli* (allora neutrale), il cacciatorpediniere *Escort*, il sommergibile *Triad* e undici navi mercantili (di cui una soltanto battente bandiera britannica) per 30.170 tsl. Ma soprattutto occorre dire che nel periodo tra l'ottobre 1941 e il gennaio 1942, in cui gli U-boote aveva conseguito i successi descritti, erano andati perduti nel Mediterraneo, in una guerra subacquea fallimentare, ben nove sommergibili italiani: *Fisalia*, *Adua*, *Smeraldo*, *Caracciolo*, *Saint Bon* e *Medusa*, *Ammiraglio Millo*, *Guglielmotti* e *Tricheco*.

Molte erano le cause tecniche che contribuirono a limitare i successi dei 147 sommergibili della Regia Marina che avevano operato nel Mediterraneo, un mare interno che nella seconda guerra mondiale fu la tomba di 66 battelli italiani, 68 tedeschi, e 51 britannici e dei loro alleati. Tra il giugno 1940 e il settembre 1943 i sommergibili italiani realizzarono 173 attacchi che comportarono il lancio di 427 siluri, ai quali non corrisposero le attese di successi, che furono limitati all'affondamento di 25 navi, di cui 10 unità da guerra per 23.356 tsl, e 12 navi mercantili (di cui 3 modesti pescherecci tunisini), per 39.337 tsl. Quasi tutte le navi mercantili, meno tre (la petroliera *Orkanger* affondata dal *Naiade*, il piroscafo *Murefte* dal *Topazio*, e il piroscafo *Antar* dall'*Ascianghi*), erano di nazionalità neutrale, a dimostrazione che i comandanti non sapevano riconoscere gli obiettivi.

E a conferma si ebbero anche due errori gravi, che portarono due sommergibili (*Alagi* e *Tricheco*) ad affondare unità amiche, il cacciatorpediniere *Usodimare* e il sommergibile *Gemma*. Quanto al naviglio danneggiato furono colpiti cinque incrociatori britannici (*Coventry*, *Nigeria*, *Kenya*, *Argonaut*, *Cleopatra*) che rappresenta un buon risultato, fu colpito un cacciatorpediniere (*Vortigen*) ma il siluro non esplose, e furono

---

[79] Gli affondamenti conseguiti dagli U-boote nel naviglio mercantile, che in Atlantico dava tante soddisfazioni, nel Mediterraneo erano considerati successi limitati, che non potevano soddisfare comandanti ed equipaggi. Prima di entrare nel Mediterraneo, essi avevano fatto pratica nell'Atlantico, dove i risultati ottenuti erano molto superiori e la vita più sopportabile, non richiedendo in oceano le lunghe e giornaliere immersioni riscontrabili in un mare ristretto e fortemente sorvegliato da notevoli forze aeronavali britanniche, come era il Mediterraneo. Per risollevare il morale dei suoi uomini, il 2 giugno 1942 l'ammiraglio Dönitz sentì il dovere di recarsi in visita a La Spezia. Qui parlò con gli ufficiali imbarcati sui sommergibili della 29ª Flottiglia, che a La Spezia aveva la sua sede di Comando, insistendo sul fatto che il periodo da essi trascorso in Mediterraneo avrebbe avuto una speciale valutazione, anche per quanto riguardava le ricompense al valore . (Vedi Annesso n. 1)

danneggiate la neutrale petroliera militare francese *Le Tarn* e soltanto due navi mercantili britanniche, il piroscafo *Clan Cumming* e la famosa petroliera *Ohio*.

Ed è riduttivo dare tutta la colpa dei mancati successi al fatto che i sommergibili italiani non avessero la centralina di lancio e mancassero dell'ecogoniometro, che indubbiamente erano strumenti utilissimi; oppure per il fatto che, per il continuo controllo del nemico con aerei e unità di scorta, essi erano costretti a stare di giorno, e spesso anche di notte, quasi costantemente immersi, con il risultato di dover attaccare navi, spesso molto veloci, senza la possibilità di poter manovrare per portarsi tempestivamente in posizione utile per l'attacco, essendo questi problemi anche dei sommergibili tedeschi e britannici. Anzi per loro il rischio era ancora maggiore, perché attaccavano il naviglio nemico in vicinanza dei porti, degli stretti e delle coste, dove la vigilanza antisom era più intensa.

Così come non è condivisibile che i falliti lanci, anche quelli realizzati di notte, fossero dovuti alle scie troppo visibili in mare dei siluri da 533 e 450 mm funzionanti ad aria compressa e dotati di acciarino ad urto, mentre i siluri tedeschi e britannici da 533 mm erano elettrici ed avevano l'acciarino magnetico, che esplodeva sia ad urto e sia passando sotto lo scafo delle navi prese di mira. Quando, nel 1942 le centraline di lancio, gli ecogoniometri, e siluri elettrici G7 tedeschi furono assegnati ai sommergibili italiani, ed entrarono in servizio i nuovi sommergibili costruiti a similitudine di quelli tedeschi (classi "Platino" e "Tritone"), senza però raggiungerne l'efficienza, i risultati degli attacchi non migliorarono. Ed anzi ebbero un peggioramento se si considera che nel corso del 1943, ai tre successi su unità da guerra nemiche (la corvetta *Samphire* e il trawler *Tervani* affondati dal *Platino* e l'incrociatore *Cleopatra* danneggiato dall'*Alagi*), non una nave mercantile dei numerosissimi e grossi convogli degli Alleati che solcavano il Mediterraneo, fu affondata o colpita. E ciò avveniva, a dispetto degli attacchi falliti, mentre gli U-boote continuavano a colpire e a mietere successi.

Il sommergibile *Alagi* in affioramento. A lui e al suo comandante, tenente di vascello Sergio Puccini, si deve il siluramento degli incrociatori britannici *Kenya* e *Cleopatra*, e della cisterna turca *Antares*, ma anche l'affondamento del cacciatorpediniere italiano *Antoniotto Usodimare*, un incidente di cui il sommergibile non aveva colpe, non essendo stato informato del passaggio per la sua zona di agguato di navi nazionali.

Il *Platino*, l'unico moderno sommergibile italiano che riuscì ad affondare navi nemiche: la corvetta britannica *Samphire* e il trawler *Tervani*. E pensare che su questi sommergibili, entrati in servizio ad iniziare dall'inverno 1941-1942, la Regia Marina aveva riposto tante speranze.

Eppure, a differenza di quanto è stato scritto nel corso degli anni, il traffico nemico nel Mediterraneo non è mai mancato, occorreva soltanto di andare a cercarlo nelle zone di mare controllate dal nemico, sbagliare molto meno i lanci di siluri ed essere più decisi negli attacchi con il cannone, come facevano gli U-boote e i sommergibili britannici e dei loro alleati (greci e olandesi in particolare), che furono un vero flagello per le navi italiane e tedesche, sia da guerra e sia mercantili. Ad esempio, il Tirreno, che doveva essere un mare ben protetto, divenne invece un vero cimitero. Per non parlare per le rotte del Nord Africa, dove gli affondamenti delle navi dell'Asse erano continui.

Nella ricerca di una giustificazione, la causa dei mancati successi dei sommergibili italiani è stata anche spiegata dal fatto che, ad ogni lancio di siluri, i comandanti avevano l'impressione di aver colpito il bersaglio perché interpretavano ogni scoppio udito, come quello delle bombe o dei proiettili sparati delle navi nemiche, come siluro messo a segno. Inoltre è stato scritto, sempre a titolo giustificativo, che anche in condizione di mare calmo, molti siluri dovettero esplodere nell'attraversare le scie delle unità nemiche, generando sulla loto poppa violente detonazioni, fra l'altro combacianti con i tempi di corsa previsti per i siluri. Esplosioni che davano al personale dei sommergibili in fase di disimpegno, la certezza di aver colpito il bersaglio.

In realtà, nelle discussioni da noi avute nell'ambiente dell'Ufficio Storico della Marina Militare italiana, in particolare con gli ammiraglio Giuseppe Fioravanzo e Marcello Bertini, autori dei libri *Sommergibili in guerra* e *"I Sommergibili in*

Mediterraneo", tutti esclusero che i siluri italiani potessero esplodere senza contatto. Se non avessero colpito il bersaglio, i siluri avrebbero affondato alla fine della loro corsa.[80]

Nel periodo ottobre-dicembre 1941 in cui i sommergibili tedeschi stavano impaurendo e preoccupando la Royal Navy, i successi, discutibili, dei sommergibili italiani, lo ripetiamo, furono conseguiti soltanto da sommergibile *Dandolo* (tenente di vascello Walter Auconi) che, per un errore di riconoscimento il 4 novembre aveva colpito con un siluro la petroliera militare francese *Le Tarn* nei pressi di Algeri, e quattro giorni dopo, sempre per uno dei troppo frequenti errori di riconoscimento, aveva affondato il piroscafo spagnolo *Castillo Oropesa* presso Melilla. Poi per tutto il resto del 1941 più nulla. Tutti gli attacchi effettuati e i presunti successi conseguiti, riportati dai bollettini di guerra, erano falliti. Anche nei primi mesi del 1942, come detto, i risultati di affondamento dei sommergibili italiani si ridussero a due sole navi, il motoveliero da trasporto greco *Zoodochos Pighi* e il piroscafo francese *Sainte Marcelle*, tra trasportava rifornimenti tedeschi per l'Afrika Korps.[81]

Differente fu sempre il caso degli U-boote, che oltre ad avere caratteristiche decisamente superiori a quelle dei battelli italiani anche per velocità e autonomia, erano comandati da ufficiali freddi e calcolatori la cui età era generalmente al di sotto dei trent'anni, che possedevano grande addestramento, esperienza bellica e astuzia, ma anche e soprattutto decisione nel portare coraggiosamente a fondo gli attacchi. La maggiore velocità subacquea e in superficie e la possibilità di scoprire con l'ecogoniometro il nemico anche in immersione a grande distanza, permetteva ai sommergibili tedeschi di seguire ed aggirare i bersagli per poi attaccarli durante il giorno o la notte dalla posizione più favorevole.

---

[80] Giuseppe Fioravanzo, *Sommergibili in guerra*, *Episodi in Mediterraneo*, USMM (Edizione "Rivista Marittima"), luglio 1956; Marcello Bertini, *I sommergibili in Mediterraneo*, Tomo I, *Dal 10 giugno 1940 al 31 dicembre 1941*, Tomo II, *Dal 1° gennaio 1942 all'8 settembre 1943*, USMM, Roma, 1968.

[81] A differenza di quanto avveniva nel Mediterraneo, i successi non mancarono per gli italiani in Oceano Atlantico, dove gli undici sommergibili rimasti a disposizione di Betasom, dopo il rientro in patria di altri dieci avvenuto nell'estate del 1941, continuavano ad operare svincolati dalla deleteria e prudente direzione tattica di Maricosom, per seguire le più energiche norme d'impiego operativo fissate dal Comandante Superiore dei Sommergibili tedeschi (B.d.U.), nella persona dell'ammiraglio Karl Dönitz, e che gli ufficiali italiani avevano appreso frequentando la Scuola Sommergibili tedesca di Gotenhafen, nel Baltico. In seguito all'entrata in guerra degli Stati Uniti, il B.d.U. assegno agli italiani la zona americana delle Antille, fra le Isole Bahamas e la costa del Venezuela, e quella brasiliana di Capo San Rocco. In queste acque, tra il febbraio e l'aprile, andarono ad operare sei sommergibili (*Tazzoli, Morosini, Finzi, Da Vinci, Torelli* e *Calvi*), che affondando ventuno navi mercantili, tra cui dieci petroliere, per 124.459 tsl, realizzarono, per la prima volta, risultati perfettamente corrispondenti a quelli conseguiti, nella stessa epoca e nella medesima zona operativa, dagli U-boote. Alla fine dell'anno 1942 i dodici sommergibili italiani dell'Atlantico, due dei quali andarono perduti, avrebbero portato i loro successi alla distruzione di quarantotto navi mercantili per 280.814 tsl. Cfr., Francesco Mattesini, *Betasom. La guerra negli Oceani (1940 - 1943)*, 2ª Edizione (rivista e aggiornata), Ufficio Storico della Marina Militare, Roma, 2003, p. 727; Francesco Mattesini, *L'attacco dei sommergibili tedeschi e italiani nei mari delle Indie Occidentali (febbraio – Aprile 1942) Operazione Weststindien*, Editore Luca Cristini, Soldiershop Publishing, Giugno 2020, p. 267.

Gli U-boote potevano poi lanciare i siluri da 533 mm quasi a colpo sicuro, grazie alla centrale di tiro che elaborava meccanicamente i dati balistici per le camere di lancio. Queste erano attrezzate per impiegare contemporaneamente più siluri (fino a quattro) in una sola salva, che oltre ad essere di grande precisione e potenza distruttiva, avevano il vantaggio del funzionamento elettrico e quindi nella loro corsa verso l'obiettivo prescelto non lasciavano scie troppo visibili alla superficie del mare.

Se scoperti i maneggevoli U-boote potevano immergersi con grande rapidità, non più di 30 secondi. Ed erano in grado di raggiungere nella fase di disimpegno notevoli profondità, che nel tipo VII C 42 (ossia gran parte di quelli che operarono nel Mediterraneo), raggiungeva per brevi periodi i 250 metri di quota. Di costruzione più semplice e di dimensioni più ridotte rispetto ai sommergibili italiani, con le torrette prive delle vistose camicie dei periscopi, i sommergibili tedeschi erano infine meno soggetti al logorio di quanto non lo fossero quelli dei loro alleati, e nello stesso tempo potevano sopportare più agevolmente il tormento del mare mosso e le concussioni delle bombe di profondità.

L'*U-83* si ormeggia a Salamina il 21 marzo 1942. Sull'albero del periscopio le bandierine traingolari con le cifre del tonnellaggio delle navi affondate.

Sulla trorretta dell'*U-83* a Salamina, il 21 marzo 1942, il comandante tenente di vascello Hans-Werner Kraus e i suoi ufficiali.

Importante differenza fra le due flotte subacquee dell'Asse era pure il modo di concepire le tattiche d'impiego. Infatti, mentre la flotta sottomarina tedesca era stata creata per la guerra al commercio ed ebbe quindi anche in Mediterraneo quale compito più appropriato l'attacco senza restrizioni al traffico mercantile, i sommergibili italiani nel "Mare nostrum" furono impegnati principalmente quali unità ausiliarie della Squadra Navale. Ciò comportava di mantenerli in schieramenti statici, per assolvere compiti esplorativi, e per cercare di ostacolare il passaggio verso il Mediterraneo centrale alle flotte britanniche di Alessandria e di Gibilterra, dove si presumeva sarebbe venuto il nemico. E poiché gli schieramenti statici erano prevedibili dal nemico, da ciò si ebbero forti perdite non confortate, tranne in qualche occasione, dal successo.

Il risultato fu che una notevole forza distruttiva fu impegnata per lunghi periodi in un attesa passiva anche in zone inutili, anziché alla ricerca delle navi da attaccare, in acque nemiche. Questo invece fecero i sommergibili tedeschi della 23ª e 29ª Flottiglia che poterono quindi realizzare risultati positivi soprattutto sotto costa e davanti alle entrate dei porti britannici, eseguendo una tattica indubbiamente rischiosa, che comportava perdite, ma che era anche altamente redditizia.

Complessivamente, nel periodo ottobre 1940 – maggio 1944 i 62 sommergibili tedeschi che operarono nel Mediterraneo (tutti, meno uno internato e venduto alla Spagna, andati perduti in questo mare) colpirono 192 navi, di cui ne affondarono 42 da guerra per 139.949 tonnellate e 140 navi mercantili per 480.915 tsl, e ne danneggiarono altre 10 da guerra per 28.377 tonnellate e 25 mercantili per 163.248 tsl.

FRANCESCO MATTESINI

Annesso n. 1

COMANDO IN CAPO
DELLA SQUADRA SOMMERGIBILI

INDIRIZZOTELEGRAFICO: MARICOSOM

N. 179   2 Giugno 1942-XX

PROMEMORIA PE L'ECC. IL CAPO DI STATO MAGGIORE
DELLA R. MARINA

ARGOMENTO: *Sommergibili germanici operanti in Mediterraneo.*

    Trasmetto in visione una relazione sulle caratteristiche e sull'attività dei Smgg. germanici dislocati a Pola compilata per mio incarico dal Comando del 12° Gruppo Smgg.
    A completamento delle notizie in essa contenute e che sono state ottenute in modo molto discreto con l'aiuto dei tecnici italiani preposti alla sorveglianza dei lavori di riparazione dei Sommergibili alleati, in base ad indiscrezioni del personale germanico imbarcato, ed in base ad osservazioni compiute a bordo dei Smgg. germanici dagli Ufficiali italiani, mi pregio riferire le seguenti altre notizie trasmesse a questo Comando in Capo dagli ufficiali sommergibilisti alla Spezia:

1. – I Comandanti, gli Stati Maggiori, gli Equipaggi, ad una voce, preferiscono di gran lunga di essere destinati in Atlantico. Le ragioni sono generalmente le seguenti:

a) La vita più disagiata che richiedono le lunghe giornaliere immersioni; il medico della Flottiglia germanica dislocato a La Spezia ha riferito che i casi di malattie per le quali ha dovuto procedere a sbarco dai sommergibili, sono molto più frequenti in Mediterraneo che in Atlantico ove, nonostante la maggiore durata delle missioni ed il clima meno accogliente, gli equipaggi godono generalmente buona salute.

b) I risultati ottenuti ad eccezione dei due "casi fortunati", secondo quanto dicono gli stessi ufficiali germanici, sono di gran lunga inferiori a quelli ottenuti in Atlantico.
    L'Amm. Dönitz, durante la sua visita a La Spezia, dopo un pranzo tenuto in suo onore, ha parlato per circa mezz'ora agli Ufficiali *imbarcati* appunto sull'argomento Mediterraneo. Ha molto insistito sul fatto che il periodo trascorso in Mediterraneo avrà una speciale valutazione da parte sua; ha esortato energicamente tutti a non fare paragoni con i compagni dell'Atlantico che, talvolta in una sola missione, cumulano il tonnellaggio che viene affondato in Mediterraneo in un anno; ha promesso che il riconoscimento, per quanto riguarda le ricompense al valore, per il passaggio dello Stretto e per le missioni in Mediterraneo, sarà prossimamente tangibile.

c) I sommergibilisti germanici dichiarano che l'opera in Mediterraneo, per la sua ristrettezza e per la densità delle Forze aeronavali alleate e nemiche ivi dislocate, presenta difficoltà enormi mentre in Atlantico tutto quello che si vede è nemico.

2. – Il rapporto fra giorni di mare, di lavori e di permanenza in porto, risulta dallo specchietto allegato [non rintracciato]; occorre tener presente che la quasi totalità dei battelli parte da La Spezia e rientra per la stessa via e perciò ai giorni di mare riportati bisogna togliere almeno una settimana per trasferimenti.

Il personale, al rientro dei battelli va in licenza oppure a Viareggio nella casa di soggiorno recentemente istituita; nella quasi totalità dei casi i Comandanti che vanno in licenza, partono due o tre giorni dopo il rientro dalla missione e ritornano il giorno antecedente alle prove in mare del proprio sommergibile.

3. – La profondità, che i sommergibili raggiungono sotto caccia, varia secondo criteri personali dei Comandanti, C'è chi preferisce la quota media, chi la massima, chi sta fermo e chi continua a lentissimo moto e ciò a seconda delle zone, della stagione e dello stato del mare alla superficie. Durante le prove in profondità che taluni sommergibili eseguono dopo il torno di lavori (non tutti poiché alcuni altri si immergono in profondità durante il trasferimento a Messina) viene generalmente raggiunta la quota di 125 metri al manometro.

Il Smg. U. 73 che ha preso 4 bombe di aereo presso Malta ha dovuto sbarcare una parte dello scafo; il pezzo di scafo tolto è un settore di circa 120°, della parte superiore, che comprende il portello di poppa ed è lungo circa sette ordinate. L'attacco del portello a scafo (saldatura) ha tenuto benissimo; lo scafo ha delle bugne di circa otto dita di freccia; tutte le ordinate sono spezzate radicalmente (compreso il bulbo) in punti diversi nel senso poppa-prora. Le bombe sono scoppiate mentre il battello era in quota 45-50 metri; dopo qualche acrobazia svolta fino a quota 80 metri, il Smg. è emerso e rientrato perché non poteva più tenere l'immersione a causa delle abbastanza forti perdite a scafo nella parte attualmente messa a terra per la sostituzione.

***

Dalle notizie contenute nella relazione allegata e da quelle che precedono [omesse] risulta manifesto come la maggior velocità che i Smgg. germanici posseggono attualmente rispetto ai Smgg. nazionali sia ottenuta grazie all'applicazione di motori super spinti che però danno luogo a notevoli avarie, alle quali viene ovviato sostituendo integralmente le parti avariate con parti di rispetto delle quali esistono a terra fortissime dotazioni. D'altra parte, la tecnica germanica permette di realizzare tale tipo di motore facendo assegnamento su caratteristiche di materiali che noi non possediamo e pertanto riuscirebbe difficoltoso per noi realizzare attualmente e rapidamente motori uguali a quelli costruiti dai germanici.

Ad eccezione della maggior parte dei Smgg. germanici (caratteristica che in base a studi già effettuati potrà essere realizzata anche sui Smgg. italiani di futura costruzione) risulta manifesto che attualmente le caratteristiche ed i particolari costruttivi dei Smgg. nazionali non sono inferiori a quelle dei Smgg. alleati; in particolare il recente bombardamento subito dallo scafo del Smg. ARGO, dimostra come lo scafo di tale unità e di tutte le unità nazionali sia costruito in maniera eccellente e superiore ad ogni elogio.

Comunque, assicuro Voi Eccellenza che le caratteristiche ed i particolari costruttivi dei Smgg. germanici saranno oggetto di attento esame da parte di questo

Comando in Capo, e dei tecnici di Maricost e di Marinarmi, per realizzare sulle unità di nuova costruzione ed eventualmente su quelle in servizio tutti quei particolari che risulteranno vantaggiosi rispetto a quelli attualmente realizzati sulle Unità nazionali.

IL COMANDANTE IN CAPO
Ammiraglio di Squadra
F/to Antonio Legnani

INDICE

Il trasferimento nel Mediterraneo del Gruppo "Goeben pag. 3

La decisione di Adolf Hitler di rinforzare i sommergibili tedeschi nel Mediterraneo. Pag. 31

Le prime operazioni dei sommergibili tedeschi nel Mediterraneo e l'affondamento della nave portaerei britannica *Ark Royal*. Pag. 36

Il concentramento dei sommergibili tedeschi nelle acque occidentali e orientali di Gibilterra. Pag. 54

L'accoglimento dei sommergibili tedeschi nelle basi dei sommergibili italiani, e gli accordi di collaborazione che ne seguirono per i lavori nei cantieri nazionali. Pag. 58

Il grande successo del sommergibile *U-331*. L'affondamento della corazzata britannica *Barham*. Pag. 68

Un nuovo trasferimento di sommergibili tedeschi nel Mediterraneo. Pag. 78

La dipendenza operativa dei sommergibili tedeschi e la loro attività bellica alla fine del 1941. Pag. 87

L'attività degli U-boot della 23ª e della 29ª Flottiglia nel Mediterraneo orientale nel dicembre 1941. Pag. 102

Gloria anche per gli italiani. La notte di Alessandria. Pag. 122

Gli ultimi U-boote trasferiti in Mediterraneo e le operazioni del gennaio 1942. Pag. 134

Le operazioni degli U-boote nel mese di marzo 1942 e la battaglia navale della Seconda Sirte. Pag. 148

Conclusione Pag. 164

Annesso n. 1 Pag. 171

TITOLI PUBBLICATI - ALREADY PUBLISHING
DELLO STESSO AUTORE

www.ingramcontent.com/pod-product-compliance
Lightning Source LLC
LaVergne TN
LVHW081542070526
838199LV00057B/3749